大島中堂著

易學千里眼

全

生生書院藏版

易學千里眼

目次

○方圓直指極秘眞訣　一
○男女の占法　二
○胎孕の占法　三
○出産の占法　三
○婚姻の占法　四
○貨殖の占法　四
○六韜三略別訣用格秘訣　五
○父子和合するや否やを知る占法　五
○兄弟和合するや否やを知る占法　六
○夫婦和合するや否やを知る占法　八
○年違の夫婦なることを知る占法　九
○妻が夫に代つて家事を取治むることを知る占法　一〇
○聟養子をすべき婦人なることを知る占法　一〇
○包孕にて縁組することを知る占法　一一

○縁遠きことを知る占法　一一
○子孫の斷絶することを知る占法　一二
○家名の斷絶することを知る占法　一二
○廢家絶家を再興することを知る占法　一二
○力となる人を得可きことを知る占法　一三
○力となる人に離るゝことを知る占法　一三
○目上の人に助けらるゝことを知る占法　一四
○目上の人に怒らるゝことを知る占法　一四
○目上の人に離るゝことを知る占法　一五
○目下の者に助けらるゝことを知る占法　一五
○目下の者に離るゝことを知る占法　一五
○惣領子の病弱なることを知る占法　一六
○次子の病弱なることを知る

占法　一七
○末子の病弱なることを知る占法　一七
○子供に離るゝことを知る占法　一八
○不義したることあるや否やを知る占法　一八
○妾となる可きことを前知する占法　一九
○藝者となることを知る占法　二〇
○娼妓となることを知る占法　二一
○妊娠することを知る占法　二一
○家人の増加することを知る占法　二二
○印形書物抔に付て災難あることを知る占法　二二
○訴訟爭論抔を生ずることを知る占法　二三
○犯罪の輕重を知る占法　二三
○高き處より落つることを知る占法　二四
○頓死することを知る占法　二四
○縊死することを知る占法　二四
○自刄することを知る占法　二四

○水論の起ることを前知する占法　二五

○普請することを前知する占法　二五

○他國へ行て歸り來らざることを知る占法　二五

○火災の有無幷に火元を知る占法　二六

○兩親の有るや無きやを知る占法　二六

○兄弟姉妹何れなるかを察知する占法　二七

○長男長女にして家督相續をなさゞることを知る占法　二七

○次男末男にして家督を相續することを知る占法　二八

○兄弟幾人あるかを知る占法　二八

○妻妾の長女か次女か末女かを知る占法　二八

○妻妾の兩親の有無を知る占法　二八

○惣領の男女を知る占法　二九

○子女の幾人あるかを知る占法　二九

○故鄕を離れ他鄕に住む可きことを知る占法　二九
○住所の難みあることを知る占法　二九
○妻に離れたることを知る占法　三〇
○相手の男女長少を知る占法　三〇
○夫に別れたることを知る占法　三〇
○異母の兄弟姊妹あることを知る占法　三〇
○胎孕の男女を知る占法　三〇
○水難の有無を知る占法　三一
○盜難の有無を知る占法　三一
○爭論あることを知る占法　三二
○劍難に遇ふことを知る占法　三二
○病難あることを知る占法　三三
○死喪の有無を知る占法　三三
○女難あることを知る占法　三四
○八卦上下の傳　三四
○十六爻の傳　三五
○二十四爻の傳　三七
○屋敷の地形を知る秘傳　三八
○一卦を親族に配するの傳　三九

生々書院

○相場極秘傳　三九
○八卦家相占法　四〇
○埋れ物其他の秘傳　四〇
○眞勢中州先生極秘眞傳一卦を九十卦に割る法　四四

目次終

易學千里眼

生生書院編輯

○方圓直指極秘眞訣

此の方圓直指極秘眞訣は天眼通極傳書八傳二十四ケ條の一部なりと知る可し、此法は方角を知るには最妙至簡の極法なり、故に簡易なりと雖も的中することは神の如し、猥りに他に漏傳すること勿れ。

○此法は紛失の所在逃亡人の居所埋藏物の場所其他何事たりとも其方角の何れなるやを知らんと欲する際に用ゆ可き秘

法にして假へば持逃したる人物の隱れ場所を知らんと欲し之を筮して䷟雷風恒の卦を得たるが如きは其卦の在る所即ち圓圖の子丑の場所に隱れ居る可しと指示するが如し蓋し筮し得たる卦が不變なる時は外に畫きたる圓圖を用ひ變動を生じたる時は內に畫きたる方圓を用ひて其の隱れ場所を指示するが如し他の卦も皆此例に同じ、此法の根源には深甚の妙義あり、故に何たるを問はず方角を指し示すには此法の上に出づべき妙法なきものと心得可し、大傳に曰く天地定位、山澤通氣、雷風相薄、水火不相射と此れ即ち此法の根源する所なり。

○此法は本卦之卦を用ひて之を指示するのみならず顚倒裏面

裏倒交代等の卦象を用ひて活斷すべし此の如く變に應じ機に臨んで自在に之を活用せざれば占斷に窮することあり、方圓圖は左に示す所の如し。

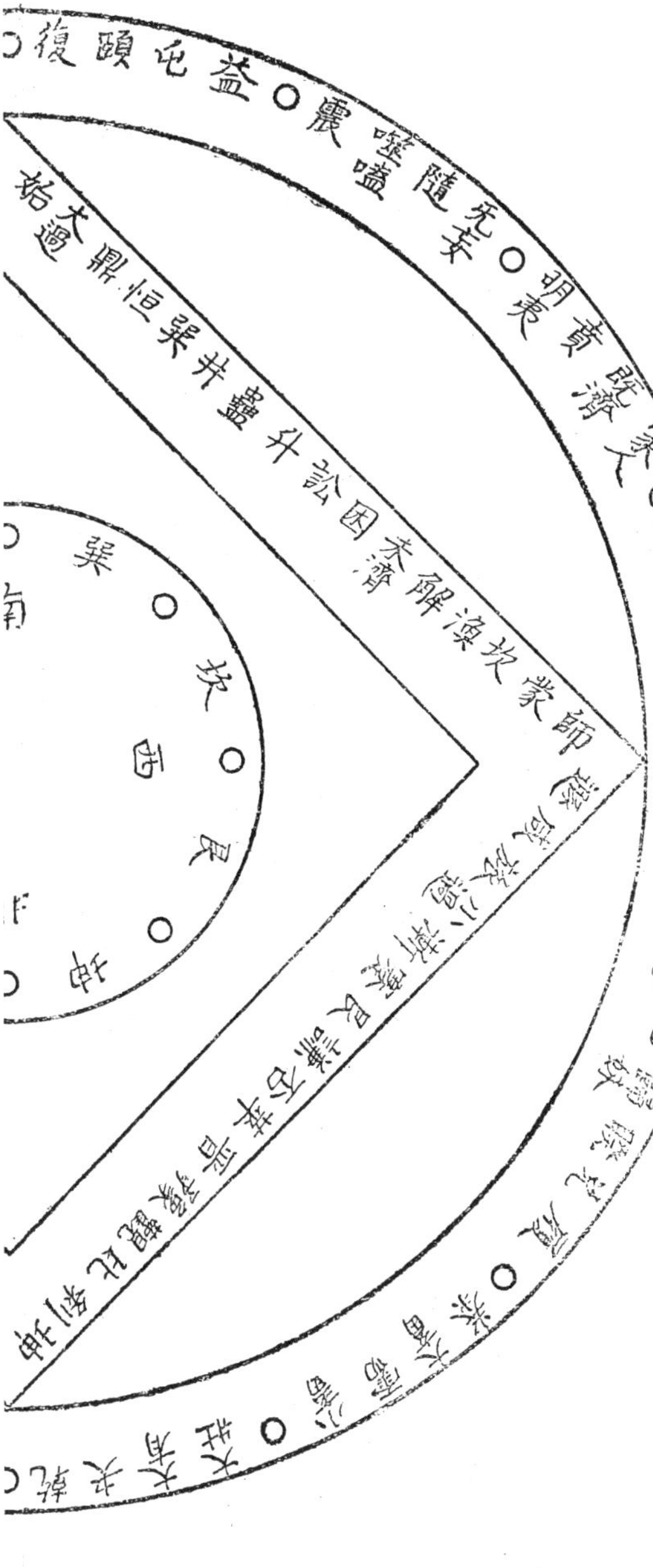

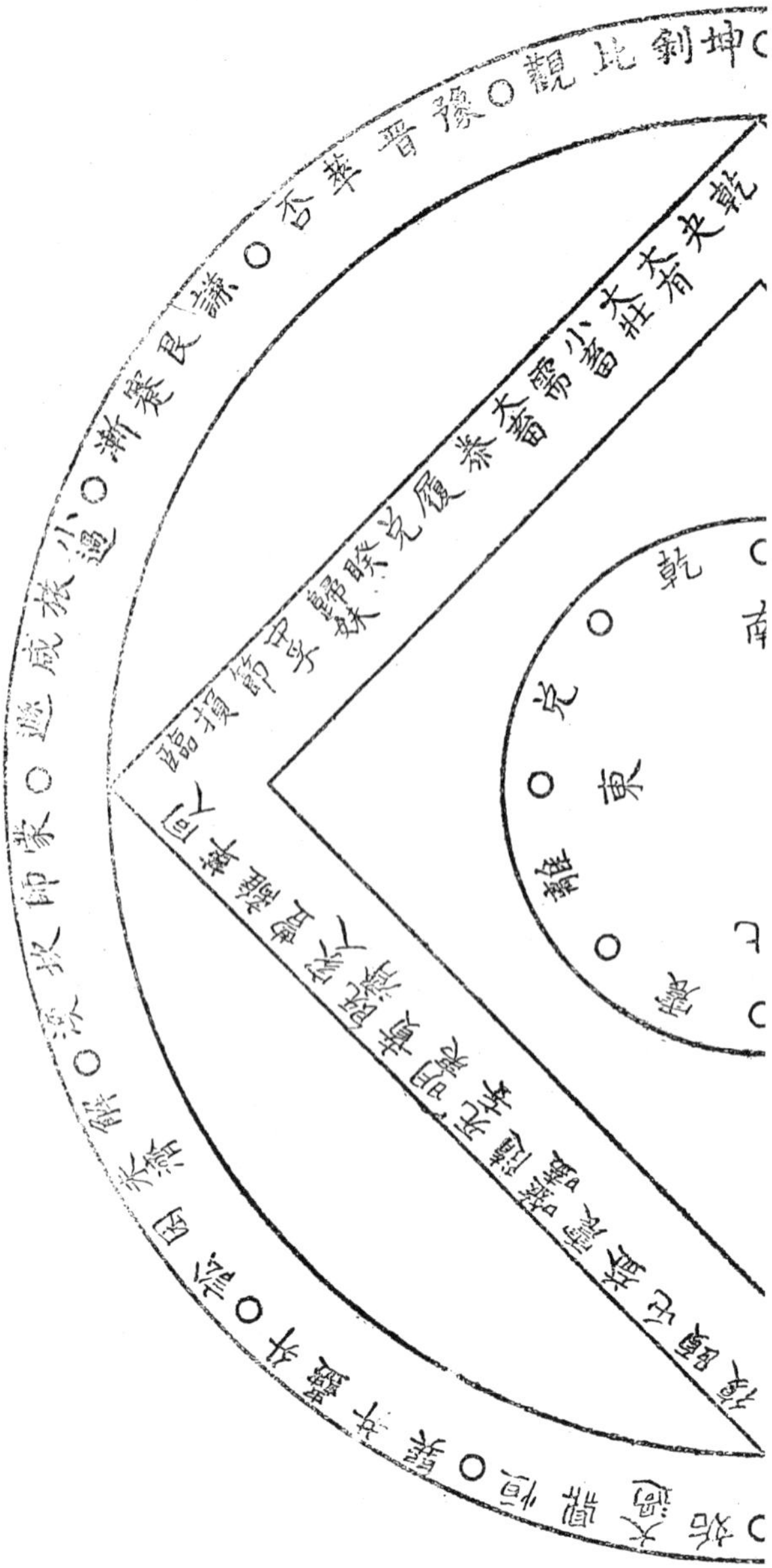

坤 剝 比 觀 豫 晉 萃 否 謙 艮 蹇 漸 小過 旅 咸 遯
乾 夬 大有 大壯 小畜 需 大畜 泰 履 兌 睽 歸妹 中孚 節 損 臨
乾
南
兌
東
離

○男女の占法

男のことは何事も得卦其儘にて之を占ふこと雖ども其男に關係ある女の事を占ふには男の事を占ひたる卦の倒象即ち顚

倒して之を占ふ可し假へは男の事は澤水困にて之を占ひたりさせば女の事は其倒象水風井にて占ふが如く、何れの卦も皆此の如し、蓋し女の事は其男の爲めに占ひたる倒象に能く現はるゝものなるを以てなり、其外他人より依頼し來る事等も此の如く得卦の倒象にて之を占へば能く的中するものごす、左に之を圖示すべし。

水風井 倒象

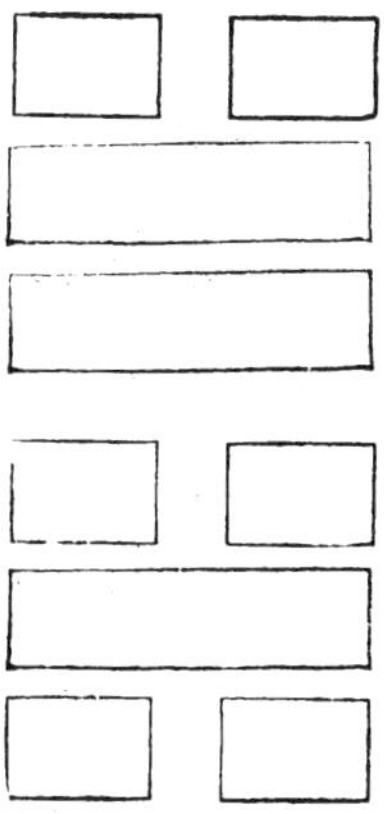

澤水困 正象

○胎孕の占法

婦人の胎孕を占ふて一陰一陽の卦即ち姤、謙、復、夬、豫、剝、此他大畜、小畜、中孚、困、睽、既濟、未濟、節、小過等は初胎となす、泰は將に孕まんとす、其外豫の解に之き家人の漸に之き巽の乾に之き離の乾に之き坤の坎に之くは孕むの意あり、益も亦泰と同じく孕まんとするの意あり、大過は經水の滯りにして艮坤上卦にあるは經水不順なりとす。

○出產の占法

豫、觀は安產なり、屯は將に生れんとす乾は初產なれば女子なり、漸も春夏は女子秋冬は男子なり、升の師に之くは死胎にて生る坤の剝に之くも同じ蒙は脫胎流產なり蒙の剝に之くは急に生る蒙の蠱に之くは臨月なれば死す需は安し訟の渙に之くは既に生るゝなり、師の坎に之くは胞衣下り難し、豫の解に之くは後に陰門閉づ、蠱は臨月の筮なれば吉、前以て占へば母子の中に破れあり、渙は流産なり、益の中孚に之くは胞衣下らず密夫の子なり、姤は月足らずとす。

○婚姻の占法

乾兌離震等の卦が上か下かにあれば人に聞れてはならぬと云ふことあり、知れて六ケ敷き意巽坎艮坤等の卦が上か下かにあれば人に見られてならぬと云ふ事あり、又曰く乾は成り難く、坤は成り易し、震は爭ひあり、巽は久ふして終に成る、坎は勞して終に成らず、離は成り易く又破れ易し、艮は障りあれども終に成る、兌は速かに成れども多くは末遂げぬ、噬嗑は兩所より緣を爭ふの意あり、鼎、革、乾、兌、震、巽、坎、艮坤等は再緣の意あり觀は媒介人の僞り、離は幼少より約す、大畜は我儘者なり、豐は油斷者なり。

○貨殖の占法

凡そ物價下落の時に人皆上る可しと云ふに、外卦に變あれば却つて下る、內卦に變あれば人の言ふが如く上るなり、之に反して物價騰貴の時に人皆下る可しと言ふに、內卦に變あれば却つて上る、外卦に變あれば人の言ふが如く下るなり、凡そ一陰一陽の卦は物價騰貴するなり、外卦の變は高値、內卦の變は下値なり、又曰く乾は高く買ふに利あり、坤は安く賣るに利あり、震は將に上らんとす、巽は將に下らんとす、坎は下つて後上る、離は上つて後下る、艮は賣るに利し、兌は買ふに利し、又乾震離艮は上に居り易く、坤巽坎兌は下に止まり易し。

○六韜三略別訣用格秘訣

此占法は六爻の爻卦即ち初と二と三と四、五と上とを三卦に約して占斷をなすの法なり、假へば左圖の如く運命を筮ひて

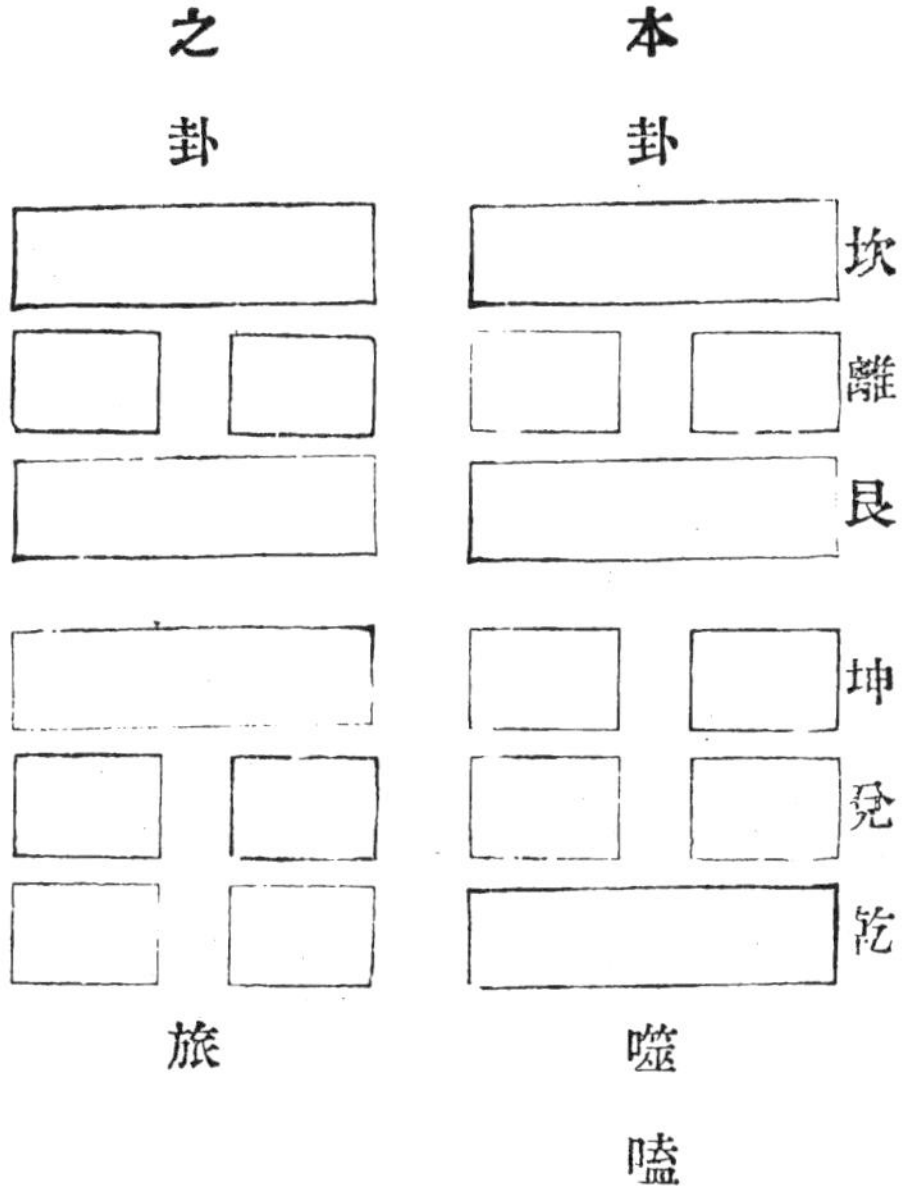

本卦
坎
離
艮
坤
兌
乾
噬嗑
之卦
旅

火雷噬嗑の火山旅に之くを得たりとせば、先づ本卦を以て當人の一生のことを見、之卦を以て一生中の變事を見初二の爻卦夬にて住所の動靜を見、三四の爻卦剝にて身體の強弱を見、五上の爻卦既

濟にて壽命の長短を見たる上、初爻の爻卦にて父のことを占ひ、上爻の爻卦にて母のことを占ひ、二三四五の中爻にて妻のことを占ひ、尙五の爻卦離にて子のことを占ひ、上の爻卦坎にて孫のことを占ふ所の法となす。

○父子和合するや否やを知る占法

○水地比の初爻が變じて水雷屯となりたる時、
同じく四爻が變じて澤地萃となりたる時、
○天火同人の四爻が變じて風火家人となりたる時、
○地澤臨の二爻が變じて地雷復となりたる時、
○火天大有の初爻が變じて火風鼎となりたる時、
同じく二爻が變じて離爲火となりたる時、

○風澤中孚の二爻が變じて風雷益となりたる時、
同じく五爻が變じて山澤損となりたる時、
○山澤損の二爻が變じて山雷頤となりたる時、
同じく五爻が變じて風澤中孚となりたる時、
○地天泰の初爻が變じて地風升となりたる時、
○風火家人の四爻が變じて天火同人となりたる時、
以上の卦を得たる時は父子和合する者と知るべし。
○火澤睽の初爻が變じて火水未濟となりたる時、
同じく五爻が變じて天澤履となりたる時、
同じく上爻が變じて雷澤歸妹となりたる時、
○火雷噬嗑の五爻が變じて天雷无妄となりたる時、

同じく上爻が變じて、震爲雷となりたる時、

○雷天大壯の三爻が變じて雷澤歸妹となりたる時、

同じく五爻が變じて澤天夬となりたる時、

○震爲雷の上爻が變じて火雷噬嗑となりたる時、

○天水訟の二爻が變じて天地否となりたる時、

同じく三爻が變じて天風姤となりたる時、

同じく上爻が變じて澤水困となりたる時、

○地水師の三爻が變じて地風升となりたる時、

同じく上爻が變じて山水蒙となりたる時、

以上の卦を得たる時は父子和合せざる者と知る可し。

○兄弟和合するや否やを知る占法

○山澤損の二爻が變じて山雷頤となるか、五爻が變じて風澤中孚となりたる時、

○澤雷隨の二爻が變じて兌爲澤となりたる時、

○兌爲澤の二爻が變じて澤雷隨となりたる時、

○風雷益の初爻が變じて風地觀となるか、二爻が變じて風澤中孚となるか、五爻が變じて山雷頤となりたる時、

○水地比の初爻が變じて水雷屯となるか、四爻が變じて澤地萃となりたる時、

○坤爲地の五爻が變じて水地比となりたる時、

以上の卦を得たる時は兄弟和合親睦する者と知る可し。

○火澤睽の初爻が變じて火水未濟となるか、二爻が變じて火雷

噬嗑となるか、五爻が變じて天澤履となるか、上爻が變じて雷澤歸妹となりたる時、

○火雷噬嗑の二爻が變じて火澤睽となるか、五爻が變じて天澤履となるか、上爻が變じて震爲雷となりたる時、

○雷天大壯の三爻が變じて雷澤歸妹となるか、五爻が變じて澤天夬となりたる時、

○震爲雷の二爻が變じて雷澤歸妹となるか、上爻が變じて火雷噬嗑となりたる時、

○雷澤歸妹の二爻が變じて震爲雷となるか、三爻が變じて雷天大壯となるか、上爻が變じて火澤睽となりたる時、

○雷山小過の初爻が變じて雷火豐となるか、上爻が變じて火山

旅となりたる時、

○地水師の三爻が變じて地風升となりたる時

以上の卦を得たる時は兄弟背離して和合せざる者と知る可し。

○夫婦和合するや否やを知る占法

○天火同人の四爻が變じて風火家人となりたる時、

○坤爲地の五爻が變じて水地比となりたる時、

○風澤中孚の二爻が變じて風雷益となるか、五爻變じて山澤損となりたる時、

○山澤損の二爻が變じて山雷頤となるか、五爻變じて風澤中孚となりたる時、

○風雷益の二爻が變じて風澤中孚となるか、三爻變じて風火家人となるか、五爻が變じて山雷頤となりたる時、

○風火家人の初爻變じて風山漸となるか、三爻變じて風雷益となるか、四爻變じて天火同人となりたる時、

○風山漸の初爻變じて風火家人となりたる時、

○澤山咸の三爻變じて澤地萃となりたる時、

以上の卦を得たる時は夫婦和合親睦する者と知る可し。

○風天小畜の初爻變じて巽爲風となるか、四爻變じて乾爲天となるか、五爻變じて山天大畜となりたる時、

○雷澤歸妹の二爻變じて震爲雷となるか、三爻變じて雷天大壯となるか、五爻變じて兌爲澤となるか、上爻變じて火澤睽とな

りたる時、

○火澤睽の初爻變じて火水未濟となるか、二爻變じて火雷噬嗑となるか、五爻變じて天澤履となるか、上爻變じて雷澤歸妹となりたる時、

○火雷噬嗑の二爻變じて火澤睽となるか、三爻變じて離爲火となるか、上爻變じて震爲雷となりたる時、

○天地否の二爻變じて天水訟となりたる時、

以上の卦を得たる時は夫婦和合せざる者と察知す可し。

○年違の夫婦なることを推知する占法

○澤風大過の二爻變じて澤山咸となり、三爻變じて澤水困となり、五爻變じて雷風恆となりたる時、

○天澤履の初爻變じて天水訟となり、三爻變じて乾爲天となりたる時、

○地山謙の初爻變じて地火明夷となり、三爻變じて坤爲地となり、五爻變じて水山蹇となりたる時、

○風山漸の初爻變じて風火家人となり、三爻變じて風地觀となりたる時、

○雷澤歸妹の三爻變じて雷天大壯となり、四爻變じて地澤臨となりたる時、

○山風蠱の初爻變じて山天大畜となり、五爻變じて巽爲風となり、上爻變じて地風升となりたる時、

以上の卦を得たる時は年違ひの夫婦たることを推知す可

し。

○妻が夫に代りて家事を取り治むることを知る占法

○火天大有の上爻變じて雷天大壯となりたる時、

○風火家人の四爻變じて天火同人となるか、五爻變じて山火賁となり、上爻變じて水火既濟となりたる時、

○澤天夬の五爻變じて雷天大壯となりたる時、

○天風姤の五爻變じて火風鼎となりたる時、

○地水師の三爻變じて地風升となり、上爻變じて山水蒙となりたる時、

○火風鼎の五爻變じて天風姤となり、上爻變じて雷風恒となりたる時、

○雷天大壯の五爻變じて澤天夬となり、上爻變じて火天大有となりたる時、

以上の卦を得たる時は其婦人が夫に代り家事を取り治めつゝあることを察知す可し。

○聟養子をすべき婦人なることを知る占法

○山澤損の三爻變じて山天大畜となり、上爻變じて地澤臨となりたる時、

○地雷復の二爻變じて地澤臨となり、三爻變じて地火明夷となり五爻變じて水雷屯となりたる時、

○水天需の二爻變じて水火既濟となり、五爻變じて地天泰となり、上爻變じて風天小畜となりたる時、

○山雷頤の二爻變じて山澤損となり、三爻變じて山火賁となりたる時、

○風天小畜の二爻變じて風火家人となり、三爻變じて風澤中孚となり、上爻變じて水天需となりたる時、

以上の卦を得たる時は聟養子をす可き婦人なることを察知す可し。

○包孕にて縁組することを知る占法

○風天小畜の二爻變じて風澤中孚となりたる時、

○風澤中孚の三爻變じて風天小畜となりたる時、

右の卦を得たる時は包孕にて縁組する婦人なることを察知す可し。

○縁遠きことを知る占法

○雷澤歸妹の初爻變じて雷水解となるか、四爻變じて地澤臨となりたる時、

○火天大有の三爻變じて火澤睽となりたるか、上爻變じて雷天大壯となりたる時、

○水風井の初爻變じて水天需となるか、二爻變じて水山蹇となるか、四爻變じて澤風大過となりたる時、

○水火既濟の二爻變じて水天需となるか、五爻變じて地火明夷となるか、上爻變じて風火家人となりたる時、

以上の卦を占ひ得たる時は縁遠き婦人なることを察知す可し。

○子孫の斷絶することを知る占法

○火雷噬嗑の初爻變じて火地晉となり、二爻變じて火澤睽となり、上爻變じて震爲雷となりたる時、

○離爲火の初爻變じて火山旅となり、三爻變じて火雷噬嗑となり、四爻變じて山火賁となり、上爻變じて雷火豐となりたる時

○山地剝の上爻變じて坤爲地となりたる時、

○震爲雷の上爻變じて火雷噬嗑となりたる時、

以上の卦を占ひ得たる時は將來子孫の斷絶することを察知す可し。

○家名の斷絶することを知る占法

○離爲火の初爻變じて火山旅となり、三爻變じて火雷噬嗑とな

り、四爻變じて山火賁となり、上爻變じて雷火豐となりたる時、

○火雷噬嗑の三爻變じて離爲火となり、上爻變じて雷火豐となりたる時、

前記の卦を得たる時は家名の斷絶する家なることを察知す可し。

○廢家絶家を再興することを知る占法

○山風蠱の初爻變じて山天大畜となるか、四爻變じて火風鼎となりたる時、

○離爲火の二爻變じて火天大有となり、五爻變じて天火同人となりたる時、

○地火明夷の三爻變じて地雷復となりたる時、

○地雷復の二爻變じて地澤臨となり、四爻變じて震爲雷となり五爻變じて水雷屯となりたる時。

以上の卦を占ひ得たる時は絶家廢家等を再興する人なることを察知す可し。

○力となる人を得可きことを知る占法

○澤山咸の三爻變じて澤地萃となりたる時、

○水地比の初爻變じて水雷屯となり、四爻變じて澤地萃となりたる時、

○坤爲地の初爻變じて地雷復となり、五爻變じて水地比となりたる時、

○地雷復の二爻變じて地澤臨となりたる時、

○澤水困の二爻變じて澤地萃となりたる時、

○山澤損の二爻變じて山雷頤となり、五爻變じて風澤中孚となりたる時、

○風水渙の初爻變じて風澤中孚となりたる時、

○水山蹇の三爻變じて水地比となり、四爻變じて澤山咸となり五爻變じて地山謙となりたる時、

以上の卦を占ひ得たる時は力となり、頼みとなる人を得可きことを察知す可し。

○力となる人に離るゝことを知る占法

○水地比の五爻が變じて坤爲地となりたる時、

○地雷復の初爻が變じて坤爲地となりたる時、

○山雷頤の初爻が變じて山地剝となり、上爻が變じて地雷復となりたる時、

○雷地豫の四爻が變じて坤爲地となりたる時、

○火地晉の四爻が變じて山地剝となり、五爻が變じて天地否となりたる時、

以上の卦を占ひ得たる時は力と賴む人に離るゝことを察知す可し。

○目上の人に助けらるゝことを知る占法

○乾爲天の二爻が變じて天火同人となりたる時、

○水地比の初爻が變じて水雷屯となり、四爻が變じて澤地萃となりたる時、

○澤雷隨の初爻が變じて澤地萃となり、二爻が變じて兌爲澤となりたる時、

○風澤中孚の二爻が變じて風雷益となりたる時、

○火地晉の二爻が變じて火水未濟となりたる時、

以上の卦を得たる時は目上の人の助けを受くることを察知す可し。

○目上の人に怒らるゝことを知る占法

○天雷无妄の五爻が變じて火雷噬嗑となりたる時、

○火雷噬嗑の五爻が變じて天雷无妄となりたる時、

右の卦を占ひ得たる時は目上の人の怒りを受くることを察知す可し。

○目上の人に離るゝことを知る占法

○天火同人の五爻が變じて離爲火となりたる時、

○火天大有の二爻が變じて離爲火となるか、五爻が變じて乾爲天となりたる時、

○水地比の五爻が變じて坤爲地となりたる時、

○天山遯の五爻が變じて火山旅となりたる時、

以上の卦を占ひ得たる時は目上の人に離るゝことを察知す可し。

○目下の者に助けらるゝことを知る占法

○澤地萃の初爻が變じて澤雷隨となりたる時、

○地風升の初爻が變じて地天泰となるか、二爻が變じて地山謙

となりたる時、

○風水渙の初爻が變じて風澤中孚となりたる時、

○山澤損の二爻が變じて山雷頤となりたる時、

以上の卦を占ひ得たる時は目下の者に助けらるゝことを察知す可し。

○目下の者に離るゝことを知る占法

○山水蒙の二爻が變じて山地剝となりたる時、

○艮爲山の三爻が變じて山地剝となりたる時、

○火山旅の三爻が變じて火地晉となりたる時、

○離爲火の初爻が變じて火山旅となりたる時、

○山雷頤の初爻が變じて山地剝となりたる時、

○地雷復の初爻が變じて坤爲地となりたる時、

以上の卦を占ひ得たる時は目下の者に離るゝことを察知す可し。

○惣領子の病弱なることを知る占法

○山水蒙の二爻が變じて山地剝となりたる時、

○地水師の二爻が變じて坤爲地となりたる時、

○地澤臨の二爻が變じて地雷復となりたる時、

○坎爲水の二爻が變じて水地比となりたる時、

○山澤損の二爻が變じて山雷頤となりたる時、

○風水渙の二爻が變じて風地觀となりたる時、

○水澤節の二爻が變じて水雷屯となりたる時、

○風澤中孚の二爻が變じて風雷益となりたる時、

○天火同人の二爻が變じて乾爲天となりたる時、

○澤山咸の二爻が變じて澤風大過となりたる時、

○離爲火の二爻が變じて火天大有となりたる時、

○天山遯の二爻が變じて天風姤となりたる時、

○澤火革の二爻が變じて澤天夬となりたる時、

○雷火豐の二爻が變じて雷天大壯となりたる時、

○火山旅の二爻が變じて火風鼎となりたる時、

○雷山小過の二爻が變じて雷風恒となりたる時、

以上の卦を占ひ得たる時は惣領子の病弱なることを察知すべし。

○次子の病弱なることを知る占法

○天水訟の三爻が變じて天風姤となりたる時、
○天澤履の三爻が變じて乾爲天となりたる時、
○火澤睽の三爻が變じて火天大有となりたる時、
○雷水解の三爻が變じて雷風恒となりたる時、
○澤水困の三爻が變じて澤風大過となりたる時、
○雷澤歸妹の三爻が變じて雷天大壯となりたる時、
○兌爲澤の三爻が變じて澤天夬となりたる時、
○火水未濟の三爻が變じて火風鼎となりたる時、
○地山謙の三爻が變じて坤爲地となりたる時、
○山火賁の三爻が變じて山雷頤となりたる時、

○風火家人の三爻が變じて風雷益となりたる時、

○地火明夷の三爻が變じて地雷復となりたる時、

○水山蹇の三爻が變じて水地比となりたる時、

○風山漸の三爻が變じて風地觀となりたる時、

○艮爲山の三爻が變じて山地剝となりたる時、

○水火既濟の三爻が變じて水雷屯となりたる時、

以上の卦を占ひ得たる時は次子の病弱なることを察知す可し。

○末子の病弱なることを知る占法

○水雷屯の三爻が變じて地雷復となりたる時、

○水地比の五爻が變じて坤爲地となりたる時、

○坎爲水の五爻が變じて地水師となりたる時、

○風地觀の五爻變じて山地剝となりたる時、

○風雷益の五爻變じて山雷頤となりたる時、

○風水渙の五爻變じて山水蒙となりたる時、

○水澤節の五爻變じて地澤臨となりたる時、

○風澤中孚の五爻變じて山澤損となりたる時、

○離爲火の五爻變じて天火同人となりたる時、

○雷風恒の五爻變じて澤風大過となりたる時、

○火天大有の五爻變じて乾爲天となりたる時、

○雷天大壯の五爻變じて澤天夬となりたる時、

○火風鼎の五爻變じて天風姤となりたる時、

上々書完

○雷火豐の五爻變じて澤火革となりたる時、
○火山旅の五爻變じて天山遯となりたる時、
○雷山小過の五爻變じて澤山咸となりたる時、
以上の卦を占ひ得たる時は末子の病弱なることを察知す可し。

○子供に離るゝことを知る占法

○山水蒙の二爻變じて山地剝となりたる時、
○艮爲山の三爻變じて山地剝となりたる時、
○火山旅の三爻變じて火地晋となりたる時、
右の卦を占ひ得たる時は子供に離るゝことを察知す可し

○不義したること有るや否やを知る占法

○澤山咸の三爻が變じて澤地萃となり、上爻が變じて天山遯となりたる時、

○雷澤歸妹の三爻が變じて雷天大壯となり、四爻が變じて地澤臨となりたる時、

○水火既濟の二爻が變じて水天需となり、五爻が變じて地火明夷となりたる時、

○火水未濟の二爻が變じて火地晋となり、五爻が變じて天水訟となりたる時、

○風澤中孚の三爻が變じて風天小畜となりたる時、

○澤地萃の五爻が變じて雷地豫となりたる時、

○水天需の五爻が變じて地天泰となりたる時、

○天火同人の二爻が變じて乾爲天となりたる時、
○火天大有の五爻が變じて乾爲天となりたる時、
以上の卦を得たる時は嘗て不義したることあるを知る可し、然れども人の面目に關する大切のことなれば猥りに占斷を爲す可らず、篤と熟考す可し。

○妾となる可きことを前知する占法

○雷澤歸妹の三爻變じて雷天大壯となりたる時、
○天火同人の二爻變じて乾爲天となり、四爻變じて風火家人となりたる時、
○水火既濟の上爻變じて風火家人となりたる時、
○風火家人の上爻變じて水火既濟となりたる時、

○山雷頤の三爻變じて山火賁となり、四爻變じて火雷噬嗑となりたる時、
○澤水困の初爻變じて兌爲澤となり、二爻變じて澤火革となりたる時、
○天風姤の初爻變じて乾爲天となり、五爻變じて火風鼎となり上爻變じて澤風大過となりたる時、
以上の卦を得たる時は人の姿となることを知る可し。

○藝者となることを知る古法

○山火賁の三爻變じて山雷頤となるか、四爻變じて離爲火となりたる時、
○兌爲澤の二爻變じて澤雷隨となるか、五爻變じて雷澤歸妹と

なりたる時、

○離爲火の三爻變じて火雷噬嗑となるか、四爻變じて山火賁となりたる時、

○山雷頤の三爻變じて山火賁となるか、四爻變じて火雷噬嗑となりたる時、

○澤山咸の三爻變じて澤地萃となるか、上爻變じて天山遯となりたる時、

○澤地萃の初爻變じて澤雷隨となるか、上爻變じて天地否となりたる時、

○雷地豫の初爻變じて震爲雷となるか、五爻變じて澤地萃となりたる時、

以上の卦を得たる時は藝者となることを知る可し。

○娼妓となることを知る占法

○水火既濟の二爻が變じて水天需となるか、五爻變じて地火明夷となりたる時、

○雷澤歸妹の三爻變じて雷天大壯となり、四爻變じて地澤臨となり、五爻變じて兌爲澤となりたる時、

○兌爲澤の二爻變じて澤雷隨となり、三爻變じて澤天夬となり五爻變じて雷澤歸妹となり、上爻變じて天澤履となりたる時、

○澤雷隨の初爻變じて澤地萃となるか、二爻變じて兌爲澤となりたる時、

○澤山咸の初爻變じて澤火革となり、三爻變じて澤地萃となり

上爻變じて天山遯となりたる時、
○雷地豫の二爻變じて雷水解となり、五爻變じて澤地萃となりたる時、
○天風姤の初爻變じて乾爲天となり、二爻變じて天山遯となり上爻變じて澤風大過となりたる時、
以上の卦を得たる時は娼妓となることを知る可し。

○妊娠することを知る占法

○風雷益の二爻變じて風澤中孚となりたる時、
○山天大畜の五爻變じて風天小畜となりたる時、
○風天小畜の三爻變じて風澤中孚となりたる時、
右の卦を得たる時は妊娠することを知る可し。

○家人の增加することを知る占法

○風火家人の三爻變じて風雷益となりたる時、

○山雷頤の五爻變じて風雷益となりたる時、

右の卦を得たる時は家內に人を增加することを察知す可し。

○印形書き物抔に付て災難あることを知る占法

○澤天夬の二爻變じて澤火革となるか、三爻變じて兌爲澤となりたる時、

○澤火革の二爻變じて澤天夬となりたる時、

○火風鼎の初爻變じて火天大有となりたる時、

○兌爲澤の三爻變じて澤天夬となりたる時、

○乾爲天の五爻變じて火天大有となりたる時、

○雷天大壯の上爻變じて火天大有となりたる時、

○火天大有の二爻變じて離爲火となりたる時、

以上の卦を占ひ得たる時は印形書き物等の爲め災難あることを察知す可し。

○訴訟爭論抔を生ずることを知る占法

○火雷噬嗑の二爻變じて火澤睽となり、三爻變じて離爲火となり、四爻變じて山雷頤となり、上爻變じて震爲雷となりたる時、

○天水訟の二爻變じて天地否となり、三爻變じて天風姤となり上爻變じて澤水困となりたる時、

○山雷頤の四爻變じて火雷噬嗑となりたる時、

○雷火豐の初爻變じて雷山小過となり、二爻變じて雷天大壯となり、三爻變じて震爲雷となりたる時、

○地火明夷の四爻變じて雷火豐となりたる時、

以上の卦を占ひ得たる時は訴訟爭論等の起ることを察知す可し。

○犯罪の輕重を知る占法

○天水訟の二爻變じて天地否となり、上爻變じて澤水困となりたる時、

○澤水困の四爻變じて坎爲水となりたる時、

○離爲火の初爻變じて火山旅となりたる時、

○雷澤歸妹の上爻變じて火澤睽となりたる時、

以上の卦を占ひ得たる時は重罰に處せらるゝことを察知す可し。

○天雷无妄の初爻變じて天地否となり、三爻變じて天火同人となり、上爻變じて澤雷隨となりたる時、

○天水訟の三爻變じて天風姤となりたる時、

○天地否の初爻變じて天雷无妄となりたる時、

○天澤履の三爻變じて乾爲天となりたる時、

○火風鼎の四爻變じて山風蠱となりたる時、

○山風蠱の四爻變じて火風鼎となりたる時、

○山天大畜の初爻變じて山風蠱となりたる時、

以上の卦を占ひ得たる時は死罪もしくは重刑に處せらる

可きことを察知す可し。

○高き處より落つることを知る占法

○山地剝の上爻變じて坤爲地となりたる時、

○火地晉の四爻變じて山地剝となりたる時、

○艮爲山の三爻變じて山地剝となり、上爻變じて地山謙となりたる時、

以上の卦を占ひ得たる時は高き處より落つることあるを察知す可し。

○頓死することを知る占法

○雷水解の二爻變じて雷地豫となりたる時、

○澤天夬の上爻變じて乾爲天となりたる時、

○震爲雷の上爻變じて火雷噬嗑となりたる時、
右の卦を得たる時は頓死することありと知る可し。

○縊死することを知る占法

○風天小畜の五爻變じて山天大畜となりたる時、
○山天大畜の五爻變じて風天小畜となりたる時、
○山地剝の五爻變じて風地觀となりたる時、
以上の卦を占ひ得たる時は縊死することありと察知す可し。

○自刄することを知る占法

○坤爲地の二爻變じて地水師となりたる時、
○天地否の二爻變じて天水訟となりたる時、

右の卦を得たる時は自刄することあるを知る可し。

○水論の起ることを前知する占法

○雷水解の四爻變じて地水師となりたる時、

○山水蒙の上爻變じて地水師となりたる時、

○坎爲水の四爻變じて澤水困となり、五爻變じて地水師となりたる時、

○澤水困の初爻變じて兌爲澤となり、三爻變じて澤風大過となり、上爻變じて天水訟となりたる時、

○天水訟の二爻變じて天地否となり、上爻變じて澤水困となりたる時、

以上の卦を得たる時は水論の起ることを知る可し。

○普請することを前知する占法

○山火賁の三爻變じて山雷頤となり、四爻變じて離爲火となり五爻變じて風火家人となりたる時、

○地火明夷の上爻變じて山火賁となりたる時、

○艮爲山の初爻變じて山火賁となり、五爻變じて風山漸となりたる時、

以上の卦を得たる時は普請建築等することを前知す可し

○他國へ行て歸り來らざることを知る占法

○風地觀の三爻變じて風山漸となりたる時、

○坎爲水の五爻變じて地水師となり、上爻變じて風水渙となりたる時、

以上の卦を占ひ得たる時は他國へ往て歸り來らざることを察知す可し。

○火災の有無幷に火元を知る占法

○離爲火の三爻變じて火雷噬嗑となり、四爻變じて山火賁となり、上爻變じて雷火豐となりたる時、

○火山旅の初爻變じて離爲火となり、三爻變じて火地晋となり五爻變じて天山遯となり、上爻變じて雷山小過となりたる時

○火雷噬嗑の三爻變じて離爲火となりたる時、

○雷火豐の上爻變じて離爲火となりたる時、

○天雷无妄の三爻變じて天火同人となり、上爻變じて澤雷隨となりたる時、

○巽爲風の上爻變じて水風井となりたる時、
○天火同人の三爻變じて天雷无妄となり、上爻變じて澤火革となりたる時、
以上の卦を占ひ得たる時は火災あることを前知す可し。
○離爲火の初爻變じて火山旅となりたる時は其の火元なることを察知す可し。

○兩親の有るや無きやを知る占法

○大畜、損、賁、頤、蠱、蒙、艮、剝等の如く、本卦の外卦に艮の卦の附たる卦を得たる時は父既に世を去りたることを察知す可し、
○夬、兌、革、隨、大過、困、咸、萃等の如く、本卦の外卦に兌の卦の附たる卦を得たる時は母既に世を去りたることを察知す可し。

○兄弟姉妹何れなるかを察知する占法

○乾、夬、大有、大壯、小畜、需、大畜、泰等の如く、本卦の內卦に乾の卦の附たる卦を得たる時は即ち長男にして惣領たることを察知す可し。

○无妄、隨、噬嗑、震、益、屯、頤、復等の如く、本卦の內卦に震の卦の附たる卦を得たる時も亦同じく長男なることを知る可し。

○否、萃、晉、豫、觀、比、剝、坤等の如く本卦の內卦に坤の卦の附たる卦を得たる時は即ち長女なることを察知す可し。

○姤、大過、鼎、恒、巽、井、蠱、升等の如く本卦の內卦に巽の卦の附たる卦を得たる時も亦同じく長女なることを推知す可し。

○訟、困、未濟、解、渙、蒙、師等の如く、本卦の內卦に坎の卦の附たる卦を得たる時は次男即ち中男なることを知る可し。

○同人、革、離、豐、家人、既濟、賁、明夷等の如く、本卦の內卦に離の卦の附たる卦を得たる時は次女即ち中女なることを知る可し。

○遯、咸、旅、小過、漸、蹇、艮、謙等の如く、本卦の內卦に艮の卦の附たる卦を得たる時は少男即ち末男なることを知る可し。

○履、兌、歸妹、睽、中孚、損、臨、節等の如く、本卦の內卦に兌の卦の附たる卦を得たる時は少女即ち末女なることを推知す可し。

○長男長女にして家督相續をなさゞることを知る占法

○本卦に乾、夬、大有、大壯、小畜、需、大畜、泰、无妄、隨、噬嗑、震、益、屯、頤、復及び否、萃、晉、豫、觀、比、剝、坤、姤、大過、鼎、恒、巽、井、蠱、升等の如く內卦に乾坤震巽の附たる卦を得ると雖も、其の內卦の乾坤震巽か坎離艮兌の一に變じたる時は縱ひ長男長女たりとも、其家の家督相續をなすことを得ざる者と知る可し。

○次男末男にして家督を相續することを知る占法

○本卦の內卦に坎離艮兌の卦の附たる訟、困、未濟、解、渙、坎、蒙、師、遯咸、旅、小過、漸、蹇、艮、謙、同人、革、離、豐、家人、既濟、賁、明夷、履、兌、睽、歸妹、中孚、節、損、臨等の卦を得て其內卦の坎離艮兌等の卦か乾坤震巽等の一に變じたる時は縱ひ實家の家を相續せざる迄も必らず同等の資格ある他家の家督を繼ぐ可き者なることを察知す可し。

○兄弟幾人あるかを知る占法

○本卦の二爻より五爻に至る互卦の上卦即ち八卦に河圖の數

を配したる者に由て其數を指すことを得可し、假へば其上卦が乾か或は兌なれば四人か九人ならんと言ひ、又離ならば二人か七人ならんと言ふが如し。

○妻妾の長女か次女か末女なるかを知る占法

○本卦の上卦の象即ち八卦を見て其長中少を知る可し、假へば巽ならば長女、離ならば中女、兌ならば少女と言ふが如し。

○妻妾の兩親の有無を知る占法

○凡て嫁娶をなさんとするに臨み、其妻妾たる者の兩親の有無を知らんとするには先づ本卦の上卦を以て先方の婦人の兩親となし、下卦を以て我方即ち聟たる者の兩親となす、故に若し本卦の上卦に艮の卦あらば先方婦人の父は既に世を去りたることを知る可し。

○又本卦の上卦に兌あらば先方婦人の母は既に沒去したる者なることを察知す可し。

○右に反し當方即ち聟たる人の兩親の有無を知らんとするには本卦下卦を以て考へざる可からざるが故に、本卦の內卦に艮の卦がある時は、父たる人は既に物故せる者と知る可く、又本卦の內卦に兌の卦がある時は母たる人は既に死去したることを知る可きなり。

○惣領の男女を知る占法

○本卦の二爻より五爻に至る迄の互卦の初爻(本卦の二爻に當る)の陰か陽かを見て決す可く、陽爻ならば男にして陰爻ならば女なりと察知す可し。

○子供の幾人あるかを知る占法

○本卦の互卦の内卦の數を見て其幾人なるかを決す可し假へば震か巽ならば三人或は八人あると言ひ、坎ならば一人或は六人なりと言ふが如し、其他皆此例に從ふて活斷す可し。

○故鄕を離れ他鄕に住む可きことを知る占法

○本卦に同人、革、離、豐、家人、既濟、賁、明夷等の如く内卦に離の卦の附きたる卦を得たる時は、故鄕を離れ他鄕に住居す可き人と察知す可し、若し然らずとするも少くとも屢々居所の變動する人と察知す可し。

○住所の難みあることを知る占法

○本卦に訟、困、未濟、解、渙、坎、蒙、師等の如く内卦に坎の卦の附たる卦を得たる時は、住所に就き難義苦勞することありと知る可し。

○妻に別れたることを知る占法

○本卦に大有、暌、離、噬嗑、鼎、未濟、旅、晋等の如く外卦に離の卦の附たる卦を得たる時は妻に離れたることを察知す可し。

○相手の男女長少を知る占法

○本卦の上卦の象即ち乾、震、坎、艮なれば男と知る可く、坤、巽、離、兌なれば女なりと察知す可し。

○又上卦の象が乾か震ならば長男、坤か巽ならば長女、坎ならば中男、離ならば中女、艮ならば少男、兌ならば少女なることを察知す可し。

○夫に別れたることを知る占法

○本卦に同人、革、離、豐、家人、旣濟、賁、明夷等の如く下卦に離の卦の附たる卦を得たる時は夫に離別したる婦人なることを察知す可し。

○異母（俗に言ふ腹更り）の兄弟姉妹あることを知る占法

○本卦に遯、咸、旅、小過、漸、蹇、艮、謙等の如く內卦に艮の卦の附たる卦を得て變じて姤、大過、鼎、恒、巽、井、蠱、升等の如く、內卦が巽となりたる時は異母の兄弟姉妹ある人と知る可し。

○胎孕の男女を知る占法

○本卦の四爻が陽なる時は男を孕むと知る可く、陰なる時は女を孕むと知る可し、若し四位の爻が變動したる時は、陰陽混殽して男女決し難く異胎なることあり、此の如き時には變卦の陰陽を參考して究理活斷す可し。

○水難の有無を知る占法

○坎爲水の二爻變じて水地比となるか、四爻變じて澤水困となるか、五爻變じて地水師となりたる時、

○澤水困の四爻變じて坎爲水となりたる時、

○水澤節の三爻變じて水天需となりたる時、

○乾爲天の三爻變じて天澤履となりたる時、

○天澤履の三爻變じて乾爲天となるか、上爻變じて兌爲澤となりたる時、

○雷水解の四爻變じて地水師となるか、五爻變じて澤水困となりたる時、

以上の卦を得たる時は水難ありと察知す可し。

○盜難の有無を知る占法

○山風蠱の五爻變じて巽爲風となりたる時、

○巽爲風の五爻變じて山風蠱となりたる時、

○坎爲水の二爻變じて水地比となるか、四爻變じて澤水困となるか、五爻變じて地水師となりたる時、

○乾爲天の初爻變じて天風姤となりたる時、

○離爲火の五爻變じて天火同人となりたる時、

以上の卦を得たる時は盜難に罹ることありと知る可し。

○爭論あることを知る占法

○山風蠱の三爻變じて山水蒙となるか、四爻變じて火風鼎となりたる時、

○天風姤の三爻變じて天水訟となるか、五爻變じて火風鼎となりたる時、

○天水訟の三爻變じて天風姤となりたる時、

○火地晉の上爻變じて雷地豫となりたる時、

○火山旅の初爻變じて離爲火となりたる時、

○火雷噬嗑の初爻變じて火地晉となるか、三爻變じて離爲火となりたる時、

○澤天夬の三爻變じて兌爲澤となるか、上爻變じて乾爲天とな

りたる時、

○離爲火の三爻變じて火雷噬嗑となりたる時、

○震爲雷の初爻變じて雷地豫となりたる時、

○山雷頤の三爻變じて山火賁となるか、四爻變じて火雷噬嗑となりたる時、

以上の卦を筮し得たる時は爭論することありと察知す可し。

○劍難に遇ふことを知る占法

○乾爲天の初爻變じて天風姤となるか、二爻變じて天火同人となりたる時、

○天風姤の初爻變じて乾爲天となるか、上爻變じて澤風大過と

なりたる時、

○坎爲水の五爻變じて地水師となりたる時、

○山風蠱の二爻變じて艮爲山となるか、五爻變じて巽爲風となりたる時、

以上の卦を得たる時は劍難に遇ふことありと知る可し。

○病難あることを知る占法

○風雷益の上爻變じて水雷屯となりたる時、

○水地比の五爻變じて坤爲地となりたる時、

○地水師の五爻變じて坎爲水となりたる時、

○水風井の三爻變じて坎爲水となりたる時、

○山風蠱の五爻變じて巽爲風となりたる時、

○天風姤の初爻變じて乾爲天となるか、四爻變じて巽爲風となるか、上爻變じて澤風大過となりたる時、

○坎爲水の初爻變じて水澤節となるか、二爻變じて水地比となるか、四爻變じて澤水困となるか、五爻變じて地水師となりたる時、

○風天小畜の初爻變じて巽爲風となるか、五爻變じて山風蠱となるか、上爻變じて水天需となりたる時、

以上の卦を得たる時は病難ありと知る可し。

○死喪の有無を知る占法

○山風蠱の五爻變じて巽爲風となりたる時、

○澤山咸の三爻變じて澤地萃となりたる時、

○地水師の五爻變じて坎爲水となりたる時、

○水地比の二爻變じて坎爲水となりたる時、

右の卦を占ひ得たる時は死喪忌服等ありと知る可し。

○女難あることを知る占法

○地雷復の三爻變じて地火明夷となりたる時、

○雷火豐の四爻變じて地火明夷となりたる時、

○地天泰の二爻變じて地火明夷となりたる時、

○地山謙の初爻變じて地火明夷となりたる時、

○澤雷隨の五爻變じて震爲雷となりたる時、

○雷澤歸妹の五爻變じて兌爲澤となりたる時、

○兌爲澤の五爻變じて雷澤歸妹となりたる時、

以上の卦を得たる時は女難あるを察知す可し。

○八卦上下の傳

○乾の卦上卦にある時は登り詰て後戻りする意味あり、

○乾の卦下卦にある時は上を輕しめる心あり、

○兌の卦上卦にある時は慾心深しと知る可し、

○兌の卦下卦にある時は望事あり、

○離の卦上卦にある時は初は吉なれども末は凶なり、

○離の卦下卦にある時は物思ひ多く又女難あり、

○震の卦上卦にある時は物事を隱す心あり、

○震の卦下卦にある時は物思ひか女難あり、又住所の苦勞多く失物等することあり、

○巽の卦上卦にある時は願ひ事始めは利し、けれども終に叶ひ難し、

○巽の卦下卦にある時は心落着かず空課ぎすることあり、

○坎の卦上卦にある時は恩を忘るゝか、又物を吝む心あり、且つ遠方に待事あり、

○坎の卦下卦にある時は慾心深し、

○艮の卦上卦にある時は何事も心決せず、往きつ戻りつして迷ふこと多し、

○艮の卦下卦にある時は何事も思案中なり、

○坤の卦上卦にある時は損失等多しと知る可し、

○坤の卦下卦にある時は慾心深し、

○十六爻の傳

○乾の卦下卦にある時は病は癪熱下る、待人は便りあり、得物は未だ定まらず、失物は即時に出づ可し、

○乾の卦上卦にある時は病は毒熱を吐く、待人は用向き調へざも歸ること遲し、

○坤の卦下卦にある時は病は兩便通ぜず、待人は僞りあり、得物は少しく手に入る、失物は下にありて現はる、

○坤の卦上卦にある時は病は胸の痛みにて不食、待人は遠方に居る、得物は速かに得難し、走り人は遠く、

○震の卦下卦にある時は病は差込み強く上吐することあり、待人は噂ありて來らず、得物は口舌ありて手に入らず、走人は噂

あれども知れず、

○震の卦上卦にある時は病は熱症にして氣の痛み、待人は文通のみありて來らず、得物は空し、失物は家内に在て知るゝ可し

○巽の卦下卦にある時は病は胸張りて強く痛む、待人は來らず失物は空し、得物は自分の手に入らず、

○巽の卦上卦にある時は病は上下へ釣て筋張る、待人は止むる者ありて途中に迷ふ得物は手に入らず、走人は遠方より音信を聞く、

○坎の卦下卦にある時は病は熱ありて下を塞ぐ、待人は遅し、得物は得がたし、走人は知れず、

○坎の卦上卦にある時は病は胸塞つて腹痛む待人は來ること

早し、得物は約束したる後口舌あり、失物は自然に現はれ出るなり、

○離の卦下卦にある時は病は心氣不足にて亂心の類、待人は來らず、失物は山野に分散す、得物は滯りて不定なり、

○離の卦上卦にある時は病は心虛にして亂盲なり、待人は心あれども來らず、得物は間違ひ易し、

○艮の卦下卦にある時は病は内熱ありて上衝強し、待人は來らず、得物は少々手に入る、走人は尋ね難し、

○艮の卦上卦にある時は病は心氣を痛め上塞がる、待人は來る可し、得物は手に入る、走人は便りあり、

○兌の卦下卦にある時は病は腹痛む痢病なり、待人は遲し、

○兌の卦上卦にある時は病は胸に動氣あり、待人は來らず、失物間違あり得物は僞りあり、走人は出で來る、

○二十四爻の傳

○乾の部

○初爻變は　面目を失ふ、慾心起る、
○中爻變は　他人より物を受くる、惡人が善人と交はる、
○上爻變は　力を落すことあり、

兌の部

○初爻變は　事の破れあり、
○中爻變は　事の再發することあり、
○上爻變は　内の物外へ出でず、不足を補ふことあり、

○離の部

○初爻變は向ふへ引き附けらる、物を生ずる心あり、

○中爻變は物を捨る人の力を受く、金の遣ひ過しあり、

○上爻變は動けば隔りあつて通じ難く、心願急に調はず、靜かなれば後日終に叶ふ可し、

○震の部

○初爻變は事を始むる手掛りなく失敗することあり、

○中爻變は動けば止めらる、物入りあり、好人物は飾りあり、

○上爻變は事の露現するか兄弟に苦勞あり、

○巽の部

○初爻變は間違の爲めに苦勞あり、

○中爻變は　心配して損あり、願望は邪魔あり、

○上爻變は　百事手懸りを得可し、

○坎の部

○初爻變は　腹を立て物入りあり、破れを補ふ、

○中爻變は　間違の爲め後悔することあり、手懸りを失ふ、

○上爻變は　手懸りを自から破ることあり、

○艮の部

○初爻變は　手前に引き附る身方に善き人出來る、

○中爻變は　手違の爲め女難あり、

○上爻變は　失物あり、百事變動多し、目當の迯れ、又遠方の掛合事あり、

○坤の部

○初爻變は　故事再發の心あり、

○中爻變は　百事吉、女の力を得ることあり、善人惡人と交はる

○上爻變は　差當り苦勞することあり、又力を落すことあり、

○屋敷の地形を知る秘傳

○乾、艮内卦にある時は表高き地形なりと知る可し、

○乾、艮外卦にある時は裏高き地形なり、

○震の卦内卦にある時は前廣き地形なり、

○坎、兌内卦にある時は前低き地形なり、

○離の卦外卦にある時は後狹き地形なり、

○雷地豫、雷澤歸妹等は扇子狀の地形なり、

○澤風大過は入口は狹く中程廣くして奧深き地形なり。

○一卦を親族に配するの傳

○初爻を子孫とし、奴僕とし、
○二爻を我身とし、妻妾とし、
○三爻を兄弟姉妹とし、
○四爻を伯父とし、伯母とし、
○五爻を父母とし、
○上爻を祖父とし、祖母とす、
○又三爻を朋友とし、四爻を親族とも見る可く、其他は皆例を以て類推す可し。

○相場極秘傳

○乾、震、離の卦が下卦にある時は直段上る可し、

○乾、震、離の卦が上卦にあれば遠からずして下落す可し、

○坎、兌の卦が下卦にあれば高くとも格別のことなし、

○坎、兌の卦が上卦にあれば忽ち大下落とす、

○艮、坤の卦は不動にして格別の高底なし、

○巽の卦は進退果さず、故に俄かに上りす、俄かに下りて定まらず、時に臨んで活斷す可し、

○下卦に變あれば高直となる理、上卦に變あれば安直となるの理あり、此も心得置く可きことなり、後は上るの始めなり、陰極まれば陽に變ずるの理なり、故に後に來るの臨は上ると知る可く、得卦の臨は下直と知る可し、

○八卦家相占法

○乾は至つて古き地、高くして神社に近し、隣家に高位高官の人あり、又水邊に近くして夏は涼し、太刀鏡金佛等の祟りあり、

○兌は缺けたる地、至つて凶、常に口論多く男子に祟る、女子多く生る、又古井の祟りあり、

○離は住人度々替り貧困の相なす、又後家の相、佛に疵あり、燒物瓦等に付て樹木を妨ぐることあり、

○震は出張りたる地なり、横に狹く縱に長き地なす、四足に付て損失あり、樹木の障りあり、寺林に近し、雷の落たる地なり、又亂心する者あり、

○巽には入口の祟りあり、女の厄介者あり、孀ある地、入込みたる

地なり、
○坎は水邊に近くして濕氣多し、夏は冷しくして草木能く育つ
住人は少なき相とす、往古の寺院の跡あり、石佛、石碑の類あり
○艮は井水の悪しき地なり、養子相續の相とす門前に悪石あつ
て祟る、又隣家に樹木等多く欝陶しき地なり、病に障る、
○坤は平坦にして地面廣く田畑に近し、水神を汚したる祟りあ
り、門口廣き地なり、

○埋れ物其他の秘傳

○乾即ち西北の方には多くは金銀等の埋れあり、或は刀劍其他
双物類の埋れたる者あり、
○兌即ち西の方には石佛か死骨等埋れ居ることあり、又西の方

に家か屋敷が張り出でゝ其處に建物か門戸入口等ある時は死骨石佛井戸等の埋れ居ることあり、凡て埋れ物のある所は何程か申分ある者なれば、能々考へて占斷す可し、

○離即ち南の方には石佛刀劍等の埋れたる者あり、

○震即ち東の方には多くは刀劍鏡或は白骨の埋れたる者あり

○巽即ち東南の方には石佛か死骨等の埋れたる者あり、又堀等の埋れ居ることもあり、此は大吉なり、但し此時には川流其他四圍の地理を見合せて判斷す可し、

○坎即ち北の方には井戸か溝か堂宮等の埋れたる者多し、

○艮即ち東北の方には金銀其他刃物類の埋れ居ること多し、

○坤即ち西南の方には石佛か死骨等の埋れあり、又坤の方の屋

敷が出張るか家が出張りたるか、或は此方に建物土藏等ある時は多くは井戸の埋れたる者あり、又坤の方に築山か石等多くある時は其處に金物石佛死骨刄物等の埋れ居ることあり

○乾の卦を内卦に得たる時

○乾の卦を内卦に得たる時は本家の戌亥の方に高き墓地を崩して石碑か貴き物又は金物の類を埋たる所あり、中宮より七間前後を離れたる所にして、今は田か畑となり居る場所なり寸尺は變爻に依て定む可し、但し此時には男は腰の物、女は鏡を求めたる祟りあり、又男女共に兄弟に緣薄き人と知る可し去れども男女共に本家を治むる人なり、

○兌の卦を上卦に得たる時

○兌の卦を上卦に得たる時は其家は四角にして何れの方にも張り缺け等なき家なりと知る可し、又兌の卦を下卦即ち内卦に得たる時は、養子相續の家なりと知る可し、但し分家なり、故に種々の災難多く、男は女の生靈、女は男の生靈ありて病人絶へず、又家の寶物道具等に怪しき木を伐りたる災あり、故に子孫にも障るなり、或は西の方に白き花咲く木あり、其木より若し赤石生ずることあれば、自然に其家は斷絶す可し、故に早く切り取るを可しとす、又南の方に本家より三間離れたる所に埋れ物あり、深さ等は卦爻を見て斷ず可し．

○離の卦を内卦に得たる時

○離の卦を内卦に得たる時は其家は分家なりと知る可し、若し本家なれば、其家は既に血脈の斷絶したる家なり、故に子孫に祟りて妻縁薄く、二度か三度目にして漸く治まる者なり、又本家の中宮より南の方へ三間離れて三尺底に刀劍か五輪の石碑の類埋れあり、又其家の本尊の眉より上の所に疵あり、故に家內に病難多く古佛の障りを受く、又類燒等に遇ふこともあり、又屋敷を取り替たる障りありて酒屋、百姓、町家等には病災に罹ること多し。

○震の卦を內卦に得たる時

○震の卦を內卦に得たる時も亦分家にして家內和睦せず、東方の境目の五六尺底に刀劍か鏡か金物の類埋れ居れり、此屋敷は由緒ある人の住居したる跡なり、故に子孫に障り眼病腹病又は長病難病等種々の災難多し、又此屋敷は二屋敷を合せて一屋敷としたる意あり、故に種々の病難多く又目上の恥辱等を受ることゝ多し、

○巽の卦を内卦に得たる時

○巽の卦を内卦に得たる時は、其屋敷は洪水か山崩れ等に遇ひたる處を堀返すか又は凸の處を剔りて凹みある穴等を埋め半端の地所を寄せ合せて作りたる者にして欠屋敷なり、又家は親方より別家したる家にして、元は由緒ある者が住みたる跡なり、故に障ることあり、又屋敷内に長木か大木等ありて災を生ず、故に此家は一回は榮ゆることあれども子孫相續の出來ぬ家となす、

○坎の卦を上卦に得たる時

○坎の卦を上卦に得たる時は其屋敷に水先の止る處ありて子孫に障ることあり、又普請造作等の祟りあり、若し又坎の卦を内卦に得たる時は本家なれども水惡しきなり、但し清水なればば繁昌す可し、併し水神の祟りありて種々の病難あり、速かに水速女の命に頼み、天元神へ祈禱すれば病災を免る可し、又此家の正面に當り屋敷より一間離れたる處の三尺底に金物類の埋れあり、又坎の卦の正當即ち北の方に埋井ありて其中に金物類の埋れあり、又海か川か又井戸に落て死したる人の障りあり、

○艮の卦を上卦に得たる時

○艮の卦を上卦に得たる時は西南の方に欠込ある屋敷にして垣の脇の山を崩したる角屋敷にして別家したる家なり、又先祖の墓地を開きて家を建たる障りあり、又其家か親類に行方の知れざる人の怨みありて願望等は叶ひ難し、又子孫に祟りて片輪者等生るゝか、疵ある者生るゝか腫物等を生じ易し、又丑寅の方の三間離れたる處に二尺許り底に木佛か五輪の石か又は刀劍の埋れあり、又坤の方に建物あるか、泉水溜水腐水等あれば留飲の病災あり、又丑寅か未申の方に高地あり、子無き時は一人もなく、若しあれば五六人あり、

○坤の卦を下卦に得たる時

○坤の卦を下卦に得たる時は養子相續の家なりと知る可し、又

此家には由緒ある人の刀劍か木佛かを巽の方の境目の處五六尺底に埋めあり、又自から死したる人の祟りあり、何れも代々養子相續に祟る者なり、

○眞勢中州先生極秘眞傳 一卦を九十卦に割る法

○此法は先づ得卦の爻卦を組合せて十五卦を作り、然る後之を九十卦に割るの法にして即ち左圖の如く爻卦十八爻を下より三爻づゝ組合せ、初陰二陰三陽にて艮、二陰三陽四陽にて巽、之を合せて漸の卦を作り、又二陰三陽四陽にて巽、三陽四陽五陽にて乾、之を合せて姤を作り

爻卦

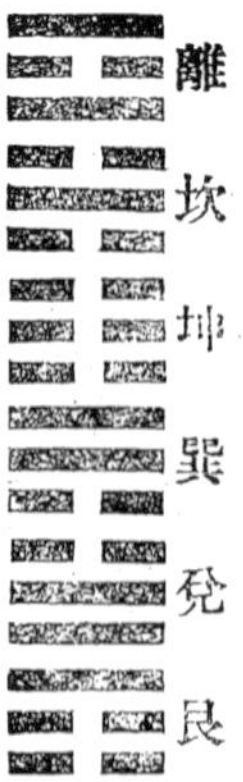

離
坎
坤
巽
兌
艮

水雷屯

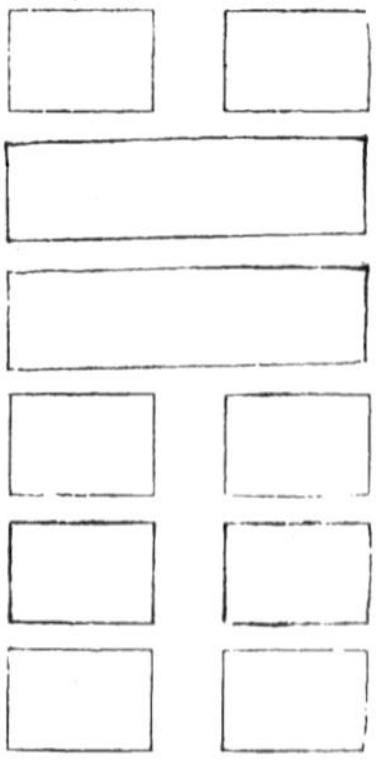

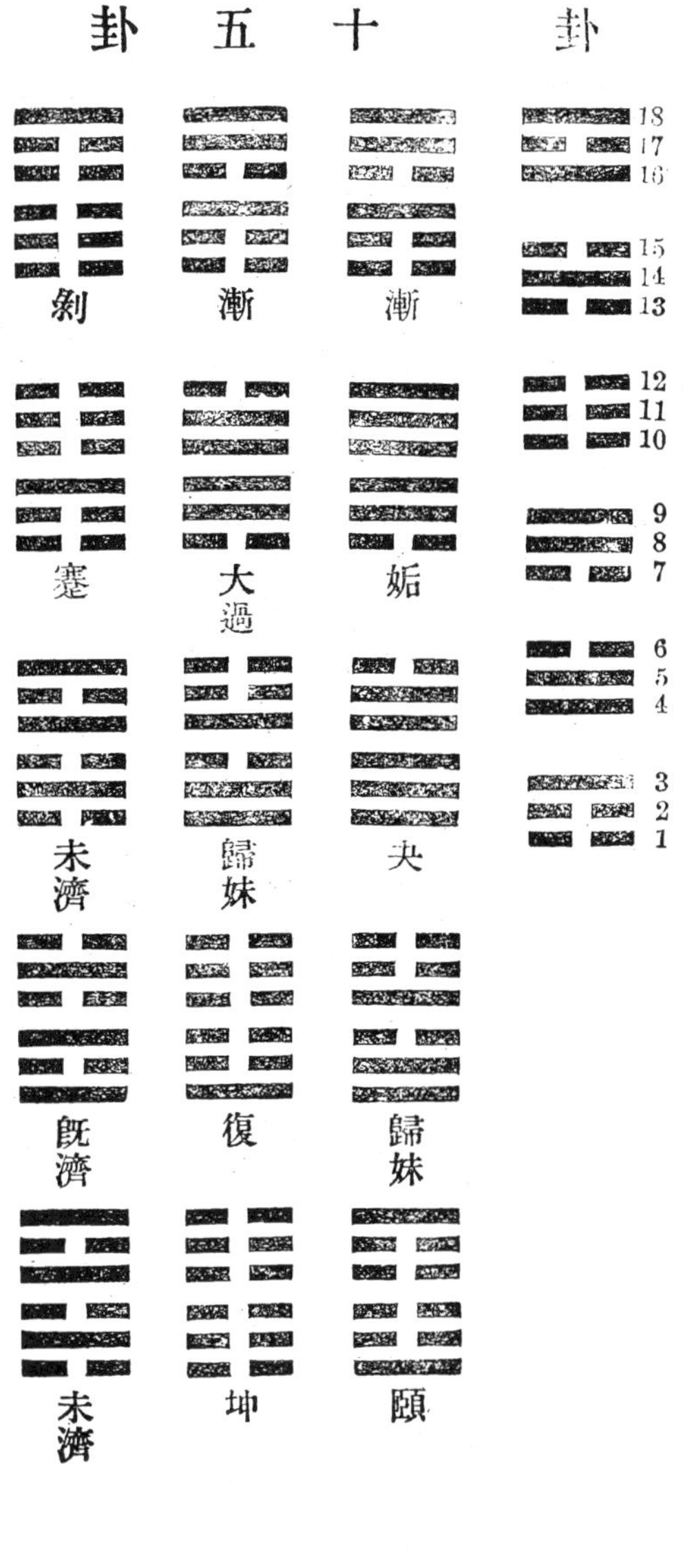

卦
十五卦
18
17
16
15
14
13
12
11
10
9
8
7
6
5
4
3
2
1
漸
漸
剝
姤
大過
蹇
夬
歸妹
未濟
歸妹
復
既濟
頤
坤
未濟

又三四五の乾と四五六の兌とを合せて夬を作り、又四五六の兌と五六七の震とを合せて歸妹を作り、又五六七の震と六七八の艮とを合せて頤を作り、又六七八の艮と七八九の巽とを合せて漸を作り、又七八九の巽と八九十の兌とを合せて大過を作り、又八九十の兌と九十十一の震とを合せて歸妹を作り其他九十十一の震と十十一十二の坤にて復、十十一十二の坤と十一十二十三の坤にて重坤、十一十二十三の坤と十二十三十四の艮にて剝、十二十三十四の艮と十三十四十五の坎にて蹇、十三十四十五の坎と十四十五十六の離にて未濟、十四十五十六の離と十五十六十七の坎にて既濟、十五十六十七の坎と十六十七十八の離にて未濟を作る可し、此の如く十五卦を作りたる後、此の十五卦を用ひて亦更に九十卦を作り出すの法なり、今其法を示せば前記十五卦の始めに作りたる漸の初爻を反して家人、二爻を反して重巽、三爻を反して觀、四爻を反して遯、五爻を反して重艮。上爻を反して蹇、其次は姤の初爻を反として重乾、二爻を反して遯、三爻を反して訟、四爻を反して重巽五爻を反して鼎、上爻を反して大過となすが如く、以下皆何れも初爻より上爻に至る迄次第に之を反覆するの法にして、此の如く一卦に由て六卦を作り出すが故に、十五卦を以て九十卦を割出すことを得る者なり。

○本法の用途

○本法を用ひて期米株式等の賣買を占ふに於ては其都度卦を起すの手数を省き、直に之を九十卦に割て一期即ち九十日間に配當し得らるゝの利便あるのみならず、占斷の正確を保つことを得可く、尚其他の事柄に就ても之を九十時間若くは九十日間、九十ケ月間等に配當し得可き利便あり、殊に本法を用ひて終生間の運命等を占ふ際には、人の一生を九十年と假定し、初年より順を逐ふて其の吉凶禍福を斷じ得らるゝの妙用あり、本法は眞勢門隨一の秘訣にして他傳を許さゞりし者なれども之を公表して具眼の篤志に進む詳細は熟讀の上自得せらる可し。

易學千里眼 終

昭和十二年四月廿五日　五版

定價　金貳圓五拾錢

編輯人　東京市本郷區駒込片町廿二番地
大島順三郎

印刷發行人　東京市本郷區駒込片町廿二番地
大島庸江

發行所　東京市本郷區駒込片町廿二番地
生生書院
振替口座東京五二九九八番

大島中堂批評校訂

新井白蛾秘傳集　全

東京生々書院發行

序言

我國卜筮界に於て最も其名を得たるものを新井白蛾となす、然れども其の占法に至りては、世間之を知るもの幾むど稀れなり、此れ他なし、當時其法を珍重するの餘り、之を秘密にして容易に他傳を許さゞりしが爲なり、蓋しその著書中、往々口傳あり口授あり等の語を記して、之を顯說せざるものあるを視て証す可し、故に世間其の占法を知らむと欲する者をして、之を得るの便を失はしむ、惜しむ可きの至なり、余百方之を搜索すること茲に數年、今や其の發見し得たるものを集めて一冊となし、聊か其の魯魚を正し評語を加へ、之を公にし以て世間同好の士をして、之が捜索の煩と勞とを省かしめむと欲す、讀者若し本書載する所の占法を取て、之を眞勢達富の占法と對照せば、實地筮占の際に當り、必らずや發明悟得の一助となるに庶幾らむ歟、

明治四十年十二月

生々學人　大島中堂

目録

八卦例象横通の傳……一
卦爻往來の事……三
六十四卦主爻の事……四
意心體の傳……九
遠近占法秘訣……十
陰陽爻の説……十一
爻位傳別訣……十二
卦敵應の事……十二
卦承乘の事……十三
爻位或は卦變の意に依て遠近大小を知るの法……十三
內外卦取捨の事……十七

中卦の事……十八
卦の裏面用不用の事……十九
應爻の傳……二十
比承乘の事……二十三
包卦の事……二十五
病占に於て死生を察するの法……二十六
通卦傳口訣……二十九
響通傳……三十二
響通傳奥義……三十二
響通傳別訣大秘法……三十四
運顯傳……三十七
天眼通八目八傳別訣極意……四十

五隣傳五官の奥義……四十九
五隣傳配卦……五十六
爻位傳外説……六十
天眼響通傳……七十一
八卦主爻の事……七十八

新井白蛾秘傳集

大島中堂批評校訂

八卦例象横通の傳

此傳は第一病占、家具、或は又非意の類を當て察するものなり、用法に曰く上下の體用横通して之を活斷す、

乾斷例

乾變」兌、　乾は遠方の義、兌は音信の義、然らば則、遠方の者より音信あるか、或は乾に鏡の象あり、兌に毀折の義あり、然らば則、鏡に缺疵あるか、或は乾に老父老男の象あり、兌に少女の象あり、然らば則、老夫少婦を娶るか、此等の類廣く活用す可し、

乾變」離、　乾は上を視るの象、離は文明の義、然らば則、掛物、或は花

器の類を觀ることあるか、亦乾は面の象、離は文書の義、然らば則、遠方より書信あるか、或は家宅の修復、或は開窓の類か、或は乾を眷族となし、離を離別の義となす、然らば親類眷族に別かるゝか、廣く活用す可し、

乾變巽、　乾は天なり、巽は風なり、所謂天下風吹くの象、然らば則、非意の風評あるか、或は乾は貴を舍るなり、官家、又は武官一旦致仕して、然る後僧道に入るか、或は家を讓て而して隱遯するか、又は音信ありと見ることあり、

坤斷例

坤變震　坤は屋敷の象、震は建物の象、然らば建築するか、坤は親の義、震は音聲なり、然らば則、親類より音信あるか、亦坤は地の象にして、震は張り出つるの象なり、然らば屋敷添の象、余は皆此例

に傚ふて類推す可し、

卦爻往來の事

卦爻の往來に曰く、陽進むを往くと云ひ、陽下るを來ると云ふ、但し泰の六四、大壯の六五、需の六四、升の六四、姤の初六、否の初六、明夷の六二、臨の六三、六四等、皆陽の升る故に往くと云ひ、泰の九三、臨の九二、剝の六五、觀の六四、遯の六二、升の九二の類、皆陽の下るなり、故に之を來ると云ふ、余は之に準じて知る可し、

評に曰く、卦爻の往來なるものは、惟り陽の上下に就てのみ之を云ふものにあらず、陰陽共に此義を取るものなり、泰否の彖に大小往來を云ひ、其他彖傳中に於て其証歷々たり、且つ此に例証するものを見るに解す可からざるもあり、

六十四卦並に八卦主爻の事

乾坤は相互なり、乃ち消長の卦なり、乾は五爻主、坤は二爻主、屯は比の往來生卦なり、初九主、蒙は屯の逆轉生卦なり、又上下に同象を備ふを云ふ、上九よりは九二を以て尤主となす、需は訟の易位生卦なり、五爻主、訟は否の往來生卦なり、二より五主、師は運移生卦なり、二爻主、比は運移生卦なり、五爻主、小畜は運移生卦なり、四爻主、履は運移生卦なり、三爻主、泰否の二卦は、消長生卦なり、泰は九二主、否は九五主、同人大有は運移生卦なり、同人は六二主、大有は六五主、謙は剝よりの往來生卦なり、亦謙は易位生卦なり、三爻主、豫は復よりの往來生卦なり、九四主、隨は歸妹の易位生卦なり、亦往來生卦なり、初九主、蠱は泰よりの交代生卦なり、九二主、臨觀は相互消長の卦なり、臨は二爻主、初は主爻の主、觀は五爻主、上は主爻の主なり、噬嗑は頤よりの往來生卦なり、九四主、賁は泰よりの交代生卦なり、六二主、剝復は消長の卦なり、剝は上九主、復は初九主なり、无妄は否よりの交代生卦なり、初九主、大畜は无妄の易位生卦なり、上九主、頤は運移の卦、上九主、大過同斷、上六主、坎離は運移の卦なり、坎は九五主、離は六二主、咸は否よりの交代生卦なり、又謙損の易位、九五主、恒は泰の交代生卦なり、九三主、遯は消長、又大畜の易位、六二主、大壯は消長の卦なり、九二主、晋は明夷の易位生卦なり、五爻主、明夷は晋の易位生卦なり、六二主、亦上六は主卦の主、家人は消長の卦なり、二爻主、睽は履の往來生卦なり、五爻主、蹇は比よりの往來生卦なり、三爻主、解は屯の易位生卦なり、九二主、損は泰よりの交代生卦なり、上九主、益は否よりの交代生卦なり、初九主、夬姤は消長の卦なり、夬は上六主、姤は初六主、萃は臨の易位生卦なり、五爻主、升は運移生卦なり、初六主、困は節の易位生卦なり、九二主、井は渙の易位生卦なり、五爻主、革は睽の易位生卦なり、六二主、鼎は姤の往來生卦なり、五爻主、震艮は運移の卦なり、震は初九主、艮は九三主、漸は否よりの交代生卦なり、四六主、歸妹は隨の易位生卦なり、九四主、豐は泰の交代生卦なり、六二主、旅は遯の往來生卦なり、六五主、巽兌は運移生卦なり、巽は初六、兌は六三主、渙は否の交代生卦なり、九二主、節は泰の交代生卦なり、九五主、中孚は運移生卦なり、六四主、小過は頤の易位生卦なり、六五主、既濟は泰よりの交代生卦なり、五爻主、未濟は否よりの交代生卦にして、九二主なり、

以上六十四卦、往來並に主爻の傳、占用となす所のもの諸占過去の趣きを占ふものなり、亦旅は旅行、或は遠方の人、其の死生之を

占ふ、若し主爻の卦中に陰爻數多なれば、其人全く死するなり、餘は口傳、

評に曰く、此に交代、往來、運移、易位等の生卦を言へるものは、此れ蓋し新井白蛾自身の口より出てたるの語にあらざる可し、疑ふらくは門人等の手に因て挿入せられたるものならむ、何となれば、交代、來往、運移、易位、或は此等の法を指して生卦と云ふの用語は、眞勢達富の創設する所にして、新井白蛾が用ひたる語にあらざればなり、若し新井白蛾の創設に出でたるものとせば、古易斷其他の著書中に於ても、此等の用語なかる可からず、然るに一も此等の語を用ひざる所より之を考ふれば、後來門人輩が眞勢達富の生卦中より之を竊用したることを知るに足る、而して其の生卦を言ふものゝ中に於て解す可から

ざるものあり、即ち无妄は否の來往生卦にして、運移生卦にあらず、大畜は无妄の顚倒生卦にして、易位生卦にあらず、且つ咸に謙よりの易位、若くば家人に消長の生卦あることを得む、其他卦主に於ても誤謬甚だ多し、今一々之を指斥せず、

意心體の傳

……意體心意體彼上末終成前

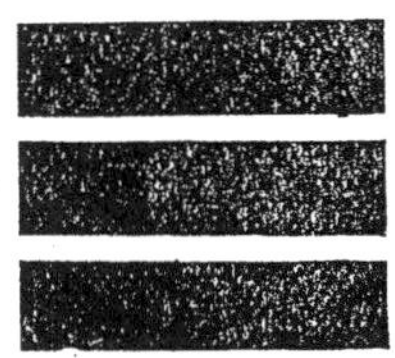
……心心心意體我下本始爲後

分意心言
分體心言
就一心言
就一意言
就一體言

右心意體等の義は、諸占に就き必要なるものにして、新井家學の占法なり、之を他傳するを許さず、最も可秘可秘、

遠近占法秘訣

爻位の論ありと雖とも、八卦例象横通傳に依て遠近を分つことなり、陽、弱くなる卦は近し、陰、強くなる卦は遠しと知ること定例なり、假令は、乾巽に變じ、又巽乾に變じ、兌震に變じ、離震に變じ、離乾に變じ、艮巽に變じ、坎巽に變じ、坤震に變じ、兌乾に變ずるの類は皆遠とす、亦乾兌に變じ、震兌に變じ、離艮に變じ、巽兌に變じ、離兌に變ずるの類は皆近しとす、最も坎は自然に流行の義あり、故に今は不レ遠不レ近の意を示せども、終に遠きに至るの象を示すなり、此に由て爻位を論じ占用に供せば、正に的中す可きものなり、

能く卦の義理を推して、而して占斷す可し、
評に曰く、陽卦變じて陰卦となる時は近となす、然るに乾の巽となり、艮の巽となり、坎の巽となるは、共に陽卦變じて陰卦となるが故に、皆近しとせざる可からず、而も之を以て遠となすは何ぞや、蓋し巽は風なり、風は往來して遠く行くものなり、故に之を以て遠しとなすものならむ、

陰陽爻の説

陽畫を以て尊、高、大、廣、實、滿、堅、晝、明、動、剛、勇、男、健、往、進、速、君、輕、奇、氣、等となし、陰畫を以て賤、愚、虛、低、小、狹、缺、暗、夜、臣、遲、弱、和、女、横、退、止、重、偶、形、等となす、其他此例を以て推す可し、

爻位傳別訣

上爻は重くして落下し易き物、五爻は至て輕き物、四爻は輕き物と、重き物とを附合せたる象、三爻は輕くして細さなる物、二爻は重く大き物、初爻は重くして上へ用達なき物、上爻より五爻に比し、初爻に二爻比す、餘は常の如し、

右比爻の教説に曰く、上下に比爻の義あれば、其の主爻に比爻を附く可く、亦坎の卦は下爻に比す可く、最も春夏の內は、上の爻に比す可く、一日の內も此理と同斷なり、餘は口授、

卦敵應の事

恒、屯、訟、睽、大過、小過、明夷の類、之を敵卦と名く、餘は之を推して辨ず可し、亦爻の敵應と云ふことあり、動爻の辭と、應ずる所の爻辭

と、意味吉凶大に齟齬するものは敵應なり、餘は口傳、

卦承乘の事

譬へば坤の六四變じて豫に之くは、雷地上に發出して升進するの象、即ち卦の乘なり、坤の六二變じて師に之くは、軍進むの象、此亦卦の乘なり、又剝の六五は上九を承くる、此れ爻の乘なり、屯の六二は初九に乘る、此亦爻の乘なり、餘は推して意得す可し、

爻位或は卦變の意に依て遠近大小を知るの法

六十四卦共に動爻に於て應爻なく、亦比爻も往來の象も之れなく、唯止屈して動かざるの爻は、小と名けて至て近し、若し應あり比あり、又往來の意ある爻は、大と名けて至て遠し、往來の事口傳、

此爻辭に因て之を知る、乾には兩說あり、極めて遠しとすること常例なり、倂し近しとする法もあり、內卦相尅するときは近しとす、最も中正兼備の變は、尅すとも遠しとす可し、附言、內卦尅とは、變卦と相尅するを云ふなり、兌は常說の如く、唯陰弱の義を取るものなり、但し乾に變ぜば遠しとするなり、然れども前言の如く相生相克を論じて定む可し、離は大勢日動くの理を取る故に遠し、上畫變じて震となれば强盆遠しとす、初畫變ずるは艮止なり故に近し、離明を失ふが故なり、震は常說の如く、陽發强動の理あり、中畫變じて兌となるは、金氣を以て震木を殺罪す故に近し、此斷は即ち生克の法なり、內卦三爻共に變ずる時は、卦を中分して震の猛威を斷折するの象あり、巽入の義にて近し、乾に之くは遠しとす可き理ありと雖ども近き意あり、金氣を以て震木を殺罪すればなり、尚往來應比等の有無に因て遠近を定む可し、艮は近し、變じて坎に之くは居所定まらず、追々遠行の意あり、坎は水の流るゝが如く、遠行の象、初畫變じて兌となるは、弱きの意にて近し、坤に之くは土中に水交染して形見へず、遠く去るの意なり、巽に之くは遠く、艮は艮止なれば常説の如く、巽に之くは漸々遠行の理なり、坤に之くは艮山平地となりて、追々に進み行くものなり、離に之くは相生の卦にて遠し、併し爻變の象に因て近きものあり、坤は常説の如く、近くして漸々進むの理あり、牝馬の象を取る可し、震に之くは俄かに遠行するなり、坎に之くは漸々に進行するものなり、最も途中より變心して歸るものあり、艮に之くは至て近し、偶々遠く去て歸らざるものあり、

附言、遠近の占に於て四季の辨別あり、春三ケ月は木性の節なり、

最も正月は坎氣を帶び、三月は夏氣に至るの節なれば離を帶び、四五六の三ヶ月は夏にして、離卦の節なり、然れども四月は木性を帶び、六月は秋分に近くの節なりと雖ども、秋は金氣にして夏は火氣なり、即ち火克金となりて克害するが故に、金氣を帶びず、全く離卦を用ゆ、秋は乾兌なり、然れども七月は離卦之を兼ね、九月は冬に至らむとするが故に、坎卦之を用ゆ、冬は坎水の節なり、然れども十月は金氣を帶び、十二月は春に至らむとするを以て木氣を帶ぶ、亦四季の土用は坤艮の節なり、夏と冬とは南北の正位にて、別して土用の氣強し、故に坤艮の染節とするものなり、口傳、此の如く四季に土用を加へ一形五行を成す故に、五行に克せらるゝ卦は、其の理義薄し、益、頤、屯、隨、復等の卦は、内卦震にして上より陰卦を以て之を押止むれども、終に震發して昇進するものなり、此等の卦は、內外上下して內卦を以て上卦となして占ふ可し、一卦の主爻變動すれば、表面に主なし。故に裏卦を以て占ふ可し、此れ消體と名くるものなり、射覆に於て、二より五に至りて變ずれば、中卦を取る可し、若し初爻又は上爻の變は、中卦を取らざるものなり、

内外の卦取捨の事

相生相克を卦の横に取て、內卦より外卦を克する時は、外卦の理は薄し、亦外卦より內卦を克する時は、內卦の理薄し、內外の卦共に相克すれば、其卦の主爻の意强し、內卦外卦共に相生ずれば、双方之を用ゆ、但し射覆の專用にして、諸占に於ても亦之を用ゆることあり、左の圖を見て知る可し、

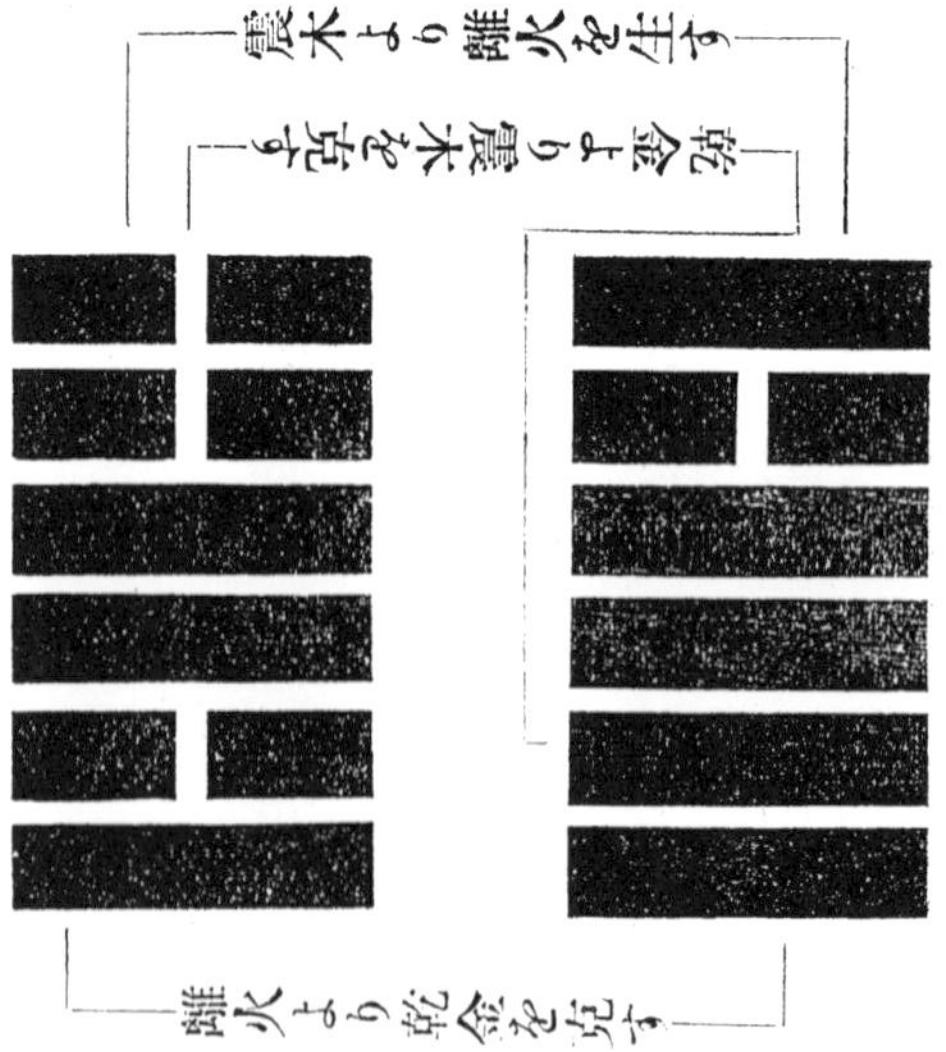
震木より離火を生ず
乾金より震木を克す
離火より乾金を克す

本卦　大有

變卦　豐

中卦の事

凡て中卦を用ゆること吉なり、中卦を見ること天地自然應對の理あり、内外の卦と相合するを兩象として見る時は、内卦より外卦に應じ、外卦より內卦に應ずるの象あり、故に中卦を取り用ゆることと可なり、中卦は未來子孫に當るの意味あり、亦前卦は父母、轉卦は兄弟、裏面は妻妾、敵卦の說に曰く、敵する卦は、變の生じたる一卦を取り用て、不變の一卦は、捨て之を用ゆ可からず、本卦にては定めず、變卦の上にて定む可し、三才の割も取り用ゆ可く、一卦の內に割る可し、但し敵卦の事は別項にあり、參考す可し、

卦の裏面用不用の事

初上兩爻變じたる時は、本卦變卦共に裏卦を用ゆ可し、亦乾、坤、坎、離、剝、復、姤、小過、大過、中孚、頤、夬の十二卦は、不變たりとも裏面を用ゆ可し、其他五十二卦は、初上兩變の時にあらざれば、裏面を用ひざるものとす、

應爻の傳

應爻の法は卦に依て應爻あり、其說左の如し、用法に曰く、應爻あるの卦は、皆己れを輔助するものなり、病占、方鑒等に至る迄、皆應爻の說捨て難きものなり、餘は口傳、

乾は九二より九五に應ず、屯は六四より初九に應じ、六二より九五に應ず、比は六二より九五に應ず、小畜は初九より六四に應ず、泰は六五より九二に應ず、否は六二より九四に應ず、大有は九二より六五に應ず、同人は六二より九五に應ず、又九五より六二に應じて相感應するなり、謙は上六より九三に應ず、豫は初六より九四に應ず、蠱は九二より六五に應ず、臨は初四相感應するなり、二五亦此の如し、賁は六四より初九に應ず、剝は上九より初六に應じ、六三より上九に應ず、復は六四より初九に應ず、无妄は六二

より九五に應ず、大畜は九三より上九に應じ、六四より初九に應
ず、頤は初九より六四に應じ、六四より初九に應じ、六三より上九
に應ず、咸は初四相感應す、恒は九四より初六に應じ、六五より九
二に應ず、遯は九四より初六に應じ、亦九五より初六六二に應ず、
大壯は九二より六五に應ず、明夷は九三より上六に應ず、家人は
六二より九五に應ず、睽は九二より六五に應じ、六五は九二に應
じ、六三より上九に應ず、蹇は二五相感應し、亦三より上に應ずる
なり、益は初四相應じ、夬は九三より上六に應じ、解は初四相感應
し、損は初九より六四に應じ、亦九二と六五六三と上九と相感應
す、姤は九四より初六に應ず、萃は初六より九四に應じ、六二より
九五に應ず、升は九二より六五に應ず、困は初六より九四に應ず、
革は六二より九五に應ず、鼎は初六より九四に應じ、九四より初

六に應じ、又二五相感應す、漸は六二より九五に應ず、歸妹は六五より九二に應ず、豐は初四相感應し、上六より九三に應ず、渙は上九より六三に應ず、節は初九より六四に應ず、中孚は六三より上九に應じ、六四より初九に應ず、小過は六二より六五に應じ、九四より初六に應ず、既濟は初九より六四に應じ、六二より九五に應ず、未濟は初四二五相感應するものなり、

應爻の圖

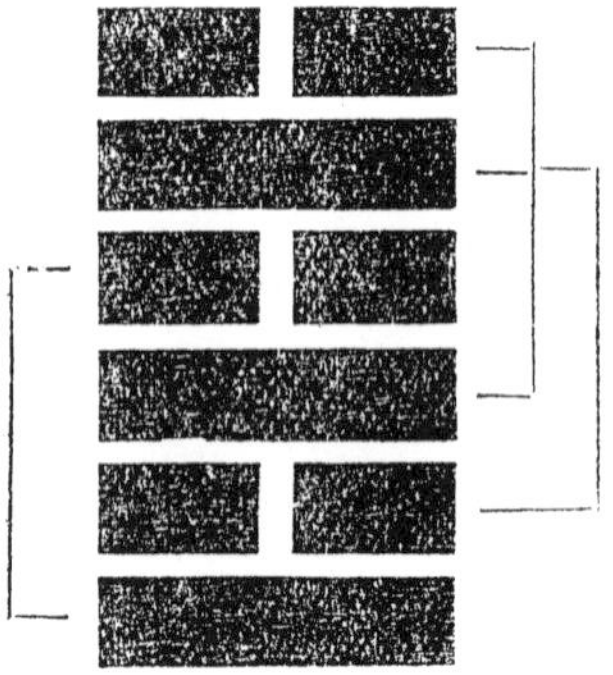

應爻の法は上爻より三爻、五爻より二爻、四爻より初爻と相應するものなり、最も陰陽と位を分別せざれば應ぜざるものなり、故に陽と陽と陰と陰とは、應位にありと雖ども相應せず、敵爻と唱へて凶なるものなり、餘は口傳あり、

比承乘の事

陰陽相並ぶものは、比爻と唱へて相親しむの義あり、承乘とは動爻を以て己れの身となし、其の上にあるの爻を承くると云ひ、其の下にあるの爻を乘と云ふ、用法に曰く、陽爻を以て陰爻を承くるものは、剛を以て弱を承くるの義なり、故に其の人々己が自力に叶ふたる事を執り行うて人道に叶ふたるものなり、若し陰爻を以て陽爻を承くるものは、則弱を以て剛を承くるの象なり、故

に己が身力に及ばざる大望を起し、或は其徳に不相應なる事を爲す人の象なり、亦陰爻を以て陽爻に乘るの象あり、即ち愚弱卑賤の身を以て、陽の賢貴に乘る象なり、故に其身德位備はらずして、猥りに高位を履み、且つ己れ愚痴无才の身にして、他人に勝たむと欲するの象、亦他人を見下す象、高慢の甚しき者なり、初上兩爻は無位の爻なれば勿論なり、上爻は祿遊の人、或は隱居の如し、亦初爻は浪人非人者の如し、如何となれば、上爻は乘ありて承なく、初爻は承ありて乘なし、能々考量す可し、即ち山水蒙の六五は、上九を承け、風山漸の六四は、九五を承け、節の六四は、九五に承け、中孚の六四も亦九五に承くるが如き是なり、乘爻の象は、師の六三は九二に乘り、同人の九四は九三に乘り、屯の六二は初九に乘るが如きの類なり、他は例して知る可し、

包卦の事

此傳は病占、又は出產の男女を占ふ術なり、全卦六畫の兩端に、陽か陰かを以て包圍するの象あるものを云ふなり、陽畫を以て陰畫を包むは、內寒外熱を司とり、出產に於ては女子を妊めるなり、

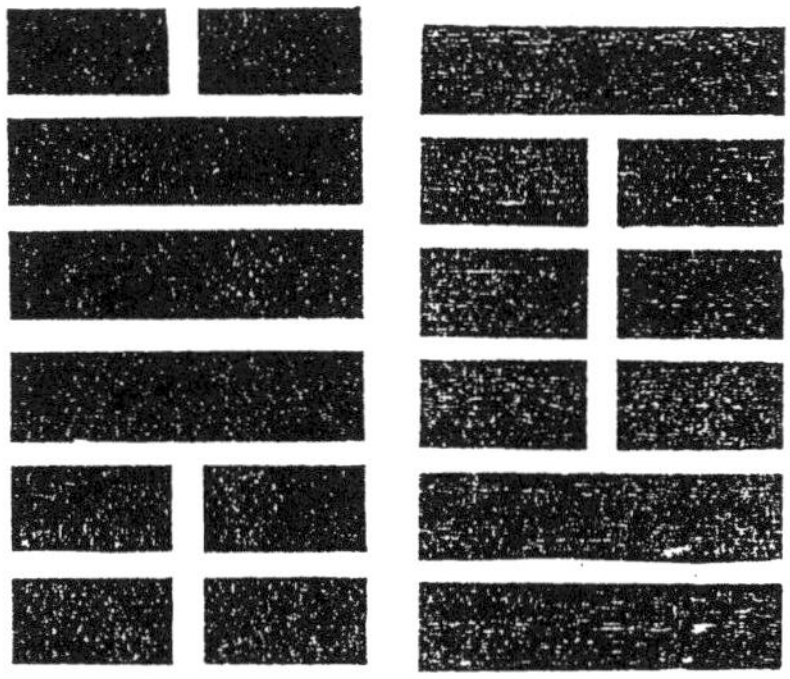

亦陰畫を以て陽畫を包むは、內熱外寒の象にして、出產に於ては男子を妊めるなり、假令へば、山澤損の如きは、陽を以て陰を包み、澤山咸の如きは、陰を以て陽を包み、火澤睽の如きは、陽を以て坎を包みたり、故に睽は外熱內寒にして、男子を孕むとなし、亦水山蹇の如きは、陰中離を包めり、故に外寒內熱の症にして、女子を孕むとなす、余は之に倣ふて

推知す可し、

評に曰く、此に謂ふ所の包卦なるものも、門人等の附加したるものにして、新井白蛾の自説にあらざるなり、蓋し包卦は眞勢達富の發明する所にして、先儒になき所の新説たり、若し其の發明が新井白蛾に出てたりとせば、此亦其の著書中に於て發表する所なかる可からず。然るに一言之に及ばざるは、其の發明にあらざることを推知す可し、

病占に於て死生を察するの法

死生を考察するの法は、五臟順逆の配位を以て之を知る可し、即ち順なれば生にして、逆なれば死なることを察知す可し、最も唯其の順逆のみにも依り難く、其の時節と卦象との合不合の理に

因て取捨辨別あり、左に其の概要を圖示す可く、餘は推考して自得す可し、

五臟順配位

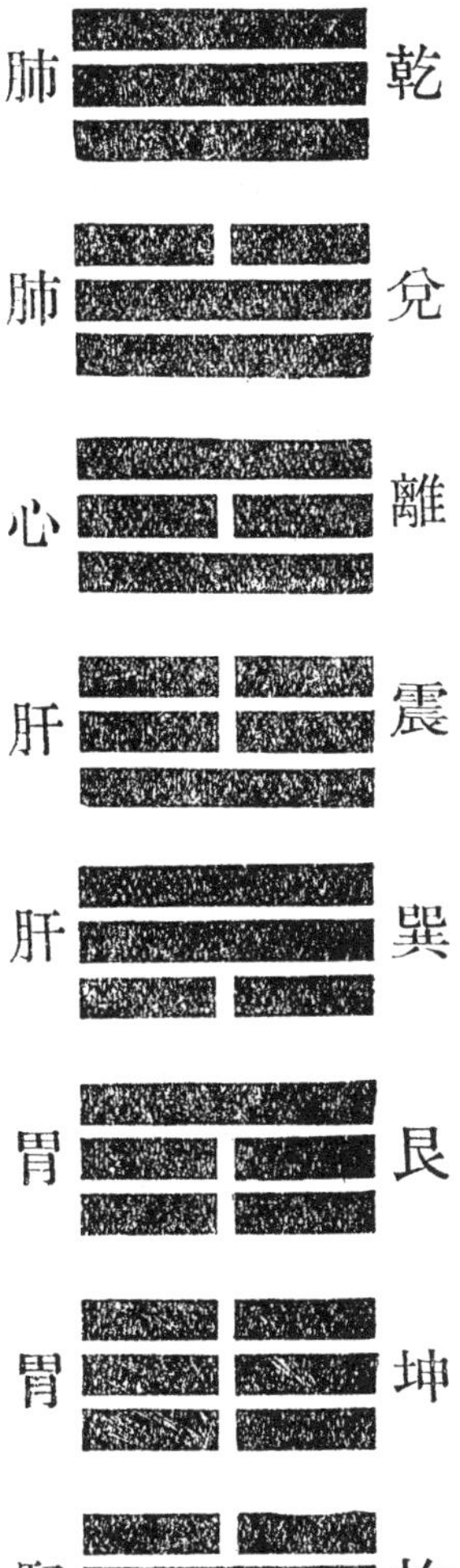

乾　肺
兌　肺
離　心
震　肝
巽　肝
艮　胃
坤　胃
坎　腎

右の如く順位の卦を得ば生なり、最も時節に當てて順なる卦は最上の吉なり、假令へは、順卦たりとも時節に合はさる卦は、全生と決し難く凶なり、亦假令は、逆卦たりとも其の時節に合するの卦は死せさるなり、其時の時節に合はすして、逆なる卦は必らす

死するなり、假令へは、秋の占に天地否、又は天山遯の類を得たる時は、五臓の順位にして其節に合したる故に、彌生と可決ものなり、此の如き卦を春夏に得れは、生と決し難く死に近し、逆卦と云ふは、泰、大壯、需の如き是なり、即ち脾、胃、肝、腎に屬するもの上にありて、肺に屬するもの下位にあり、故に逆卦と云ふなり、餘は之に倣ふて知る可く、但し晝夜の辨別も前例に同し、晝占には陽卦を得、夜占には陰卦を得るを以て吉となす、之に反するものは皆不吉なり、

通卦傳口訣

夫れ通卦の法たるや、內外の卦共に通卦に掛かること何れも中爻を反するものなり、亦震の卦、坎の卦は、下爻と中爻とを反し、離の卦、兌の卦は、中爻と上爻とを反するものなり、其の圖左の如し

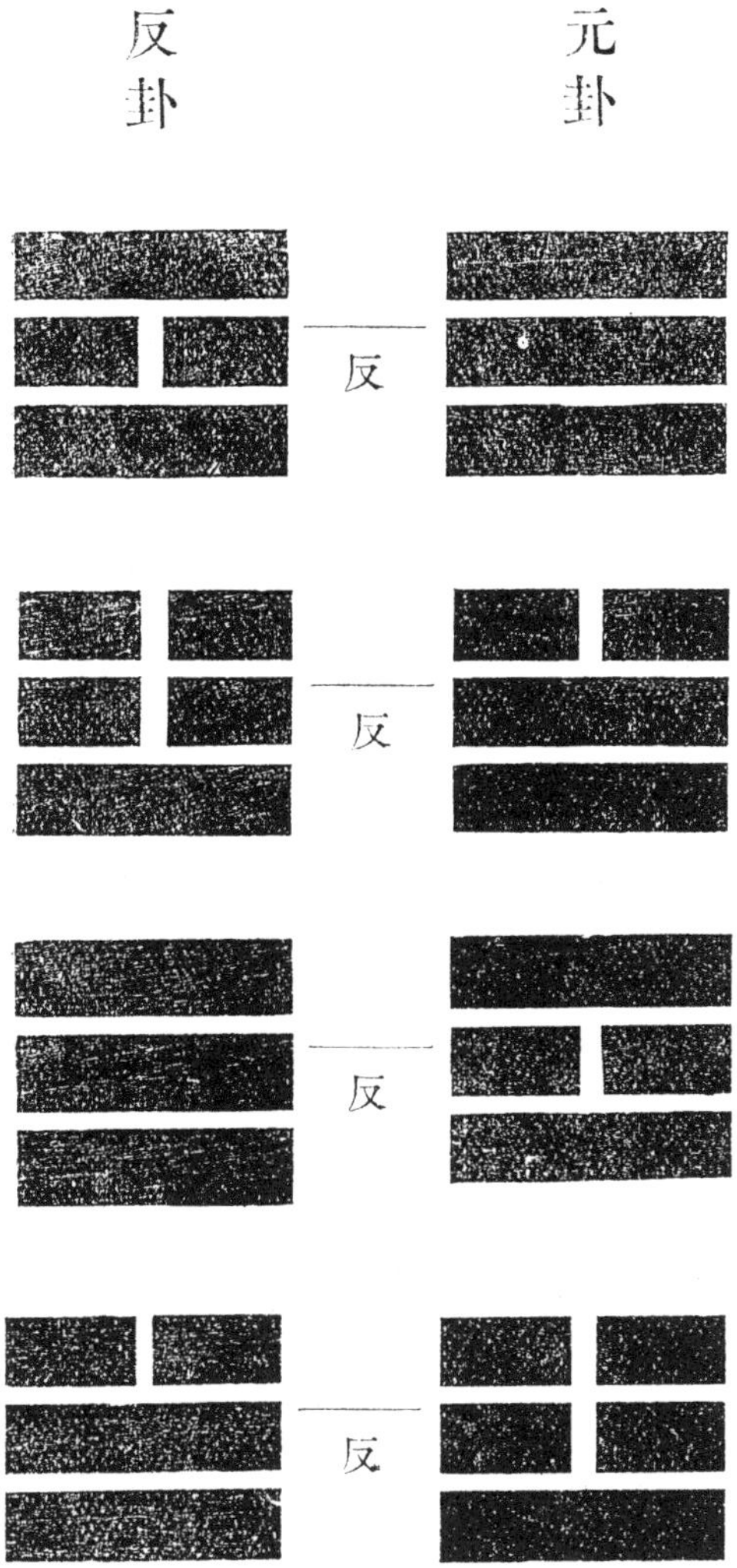

元卦
反卦
反
反
反
反

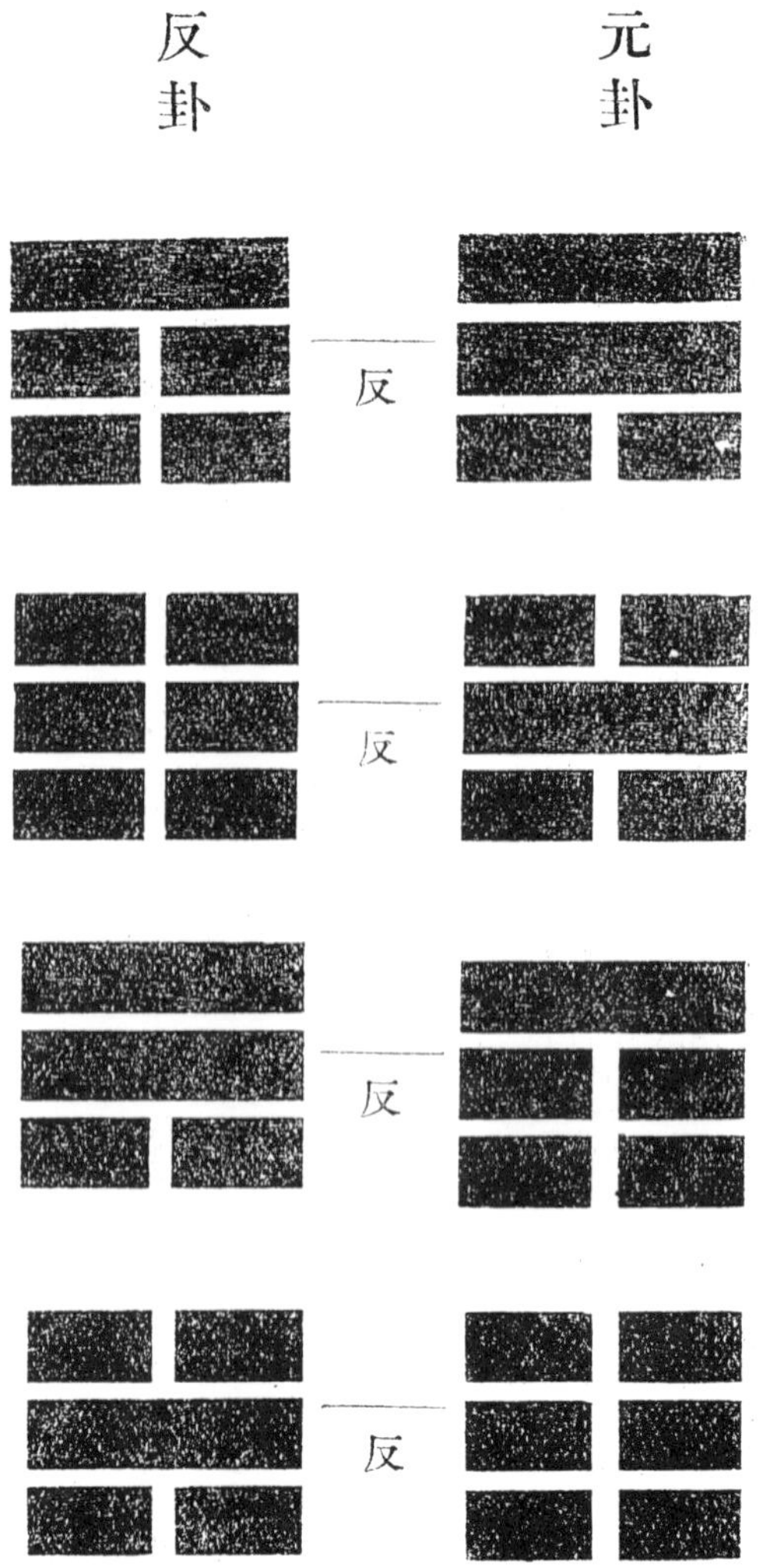
元卦
反卦
反
反
反
反

右の如く乾卦に離あり、兌卦に震あり、離卦に乾あり、震卦に兌あり、巽卦に艮あり、坎卦に坤あり、艮卦に巽あり、坤卦に坎あるか如し、亦震、坎、離、兌の四卦は、別通の卦反あること左圖の如し、

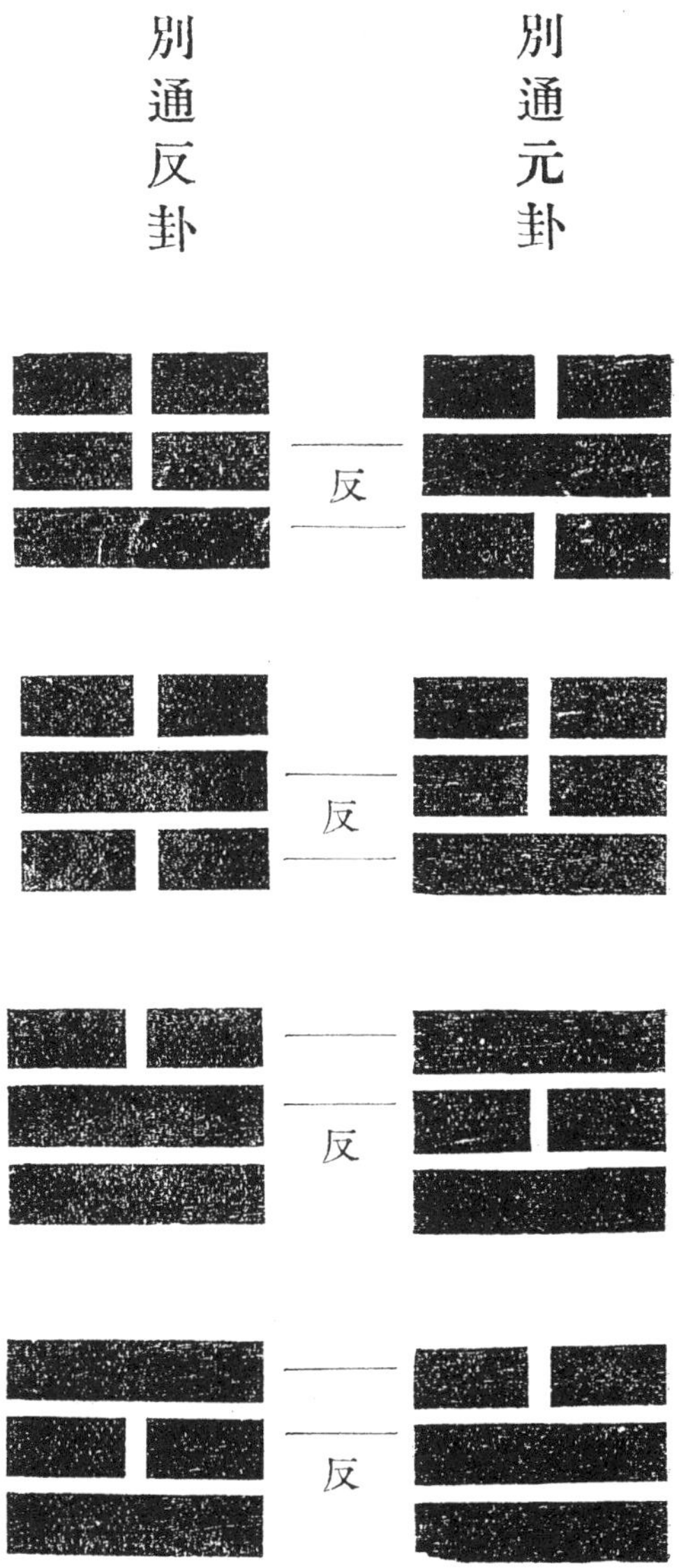
別通元卦
別通反卦
反
反
反
反

圖の如く坎震の二卦は陽卦にして、下爻と中爻とを反せは、坎は震となり、震は坎となる、亦離兌の二卦は、陰卦にして、中爻と上爻とを反せは、離は兌となり、兌は離となる可し、但し右の四卦に限りて通卦に二法あり、他の乾、巽、艮、坤の四卦は、通卦一法なり、右の法則は、先生自得の術なれは必らす他傳すること勿れ、可秘可秘

響通傳

此法は凡て物の成行きを計り定むるの傳なり、用法に曰く、八卦の内、乾、震、艮の陽卦は、上爻を反して卦を求め、亦坤、兌、巽の陰卦は、下爻を反して卦を求め、尚亦坎、離、中陽中陰の二卦は、中爻を反して卦を求む可し、假令は、乾に兌あり、兌に坎あり、離に乾あり、震に離あり、巽に乾あり、坎に坤あり、艮に坤あり、坤に震あるか如し、

此法は乾卦を離、兌、巽に變し占ひ、亦坤卦を坎、艮、震に變し占ふの法なり、餘の六卦も之に同し、但し此傳は一卦の內、變を生したる所にて之を用ゆるの法なり、用法に曰く、假令は、晝午の時刻に占

本卦　　反卦

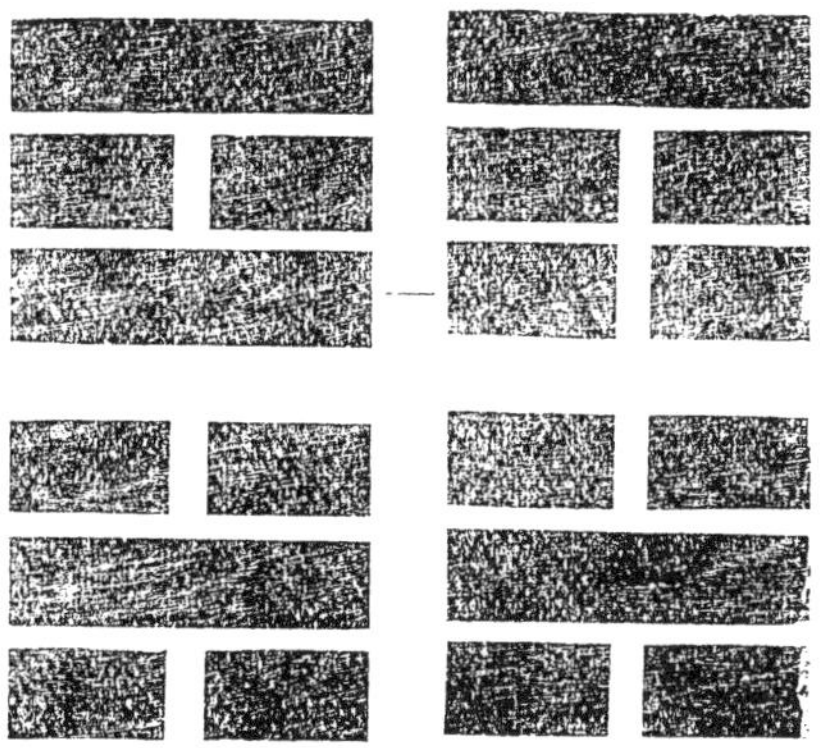

斷するに及むて、山水蒙の卦を得たるか如きは、此其の時刻と合はす、故に蒙の上艮を離に變して之を占ふ、何故なれは、離は午の時刻と相合ふを以てなり、最も本卦の意も捨て難く、差加へて占ふ可し、餘は之に倣ふ、此法は射覆の專用にして、諸物の大小强弱を知り、亦人物に於ては、其人の狀態行狀より、勤務する所の職業を知り、次

に其の氣質等を察するの法なり、之を占ふには、六十四卦共に其一卦の內、主爻に比爻を附て占ふ可し、若し主爻の義なき時は、其の主爻を反動して之を占ふ可し、森羅萬象皆此の如し、之を天象とも云ふ、

一卦六爻の內、陽爻多くして陰爻少き卦は生物なり、亦之に反し、陰爻多く陽爻少なき卦は、變の內外卦を分ち、其の主爻を失ふ時は死物とし、主爻全き時は生物となす、假令は、震變して坤となるか如きは、其の主爻を失ふものにして、死物なりと知る可し、

響通傳別訣大秘法

此法は人の內心の意趣を探り、其の善悪邪正を知るの法なり、其傳に曰く、變卦の中卦を備へ置き、內卦外卦の數を以て、右變卦の

中卦に變爻を取り、其卦と右の變卦とを引き合せて、卦義相合ふ時は、其の人物の言語と心底と違はさるなり、若し卦義相反し合はさる時は、口に言ふ所と心に思ふ所と相異するものなり、亦卦象相合ふ時は、異論なきものなり、假令は、本卦に旅を得て、初上變

本卦旅

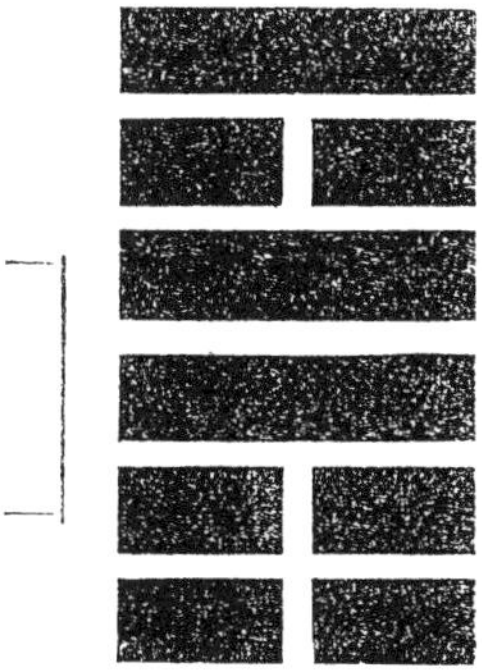

變卦豐

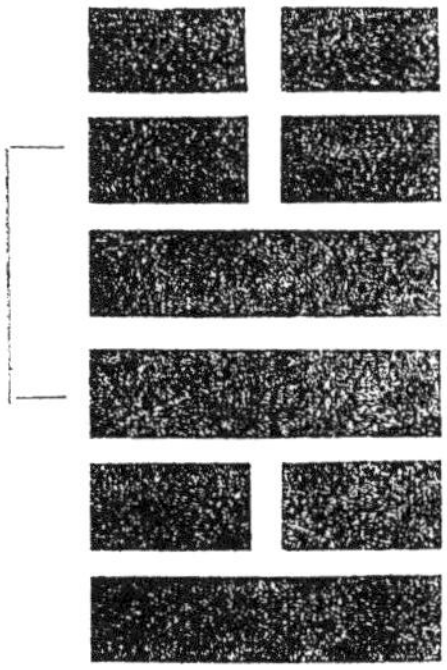

して豐となるか如き、此の豐の二三四に巽あり、此の巽を下卦となし、亦三四五に兌あり、此の兌を以て上卦となして大過となる、此の中卦大過の内卦巽と、外卦兌と合せて其數七となる、其の七數を以て變爻を取るには、六拂て一殘る、故に此の大過の初爻を變じて夬

中卦大過

䷛

反卦夬

䷪

の卦となる、此の占法に曰く、先つ本卦旅なれは、此人住居再三移動あるか、常に旅行多きの人なり、今豊となる所より之を見れは、表面は盛大なるか如きも、中卦に大過あるが故に、心中には必らす迷ありて、進退果し難きの事情あり、尚夬となれは、益々妄動して大に散財し、且つ萬事破敗多きの人なりと占斷するの類なり、餘は推して知る可し、右は先生一家の秘奥なり、必らす他傳す可からす、其應神の如し、誓て秘藏す可し、

運顯傳

此法は先つ其人の運氣、親子、兄弟、姉妹、其他其人に係かる吉凶を占ふの法なり、假令は、本卦天水訟を得て、此の卦を以て、天より承くる所の運象を論して、其の吉凶の大端を示す可く、但し本卦訟

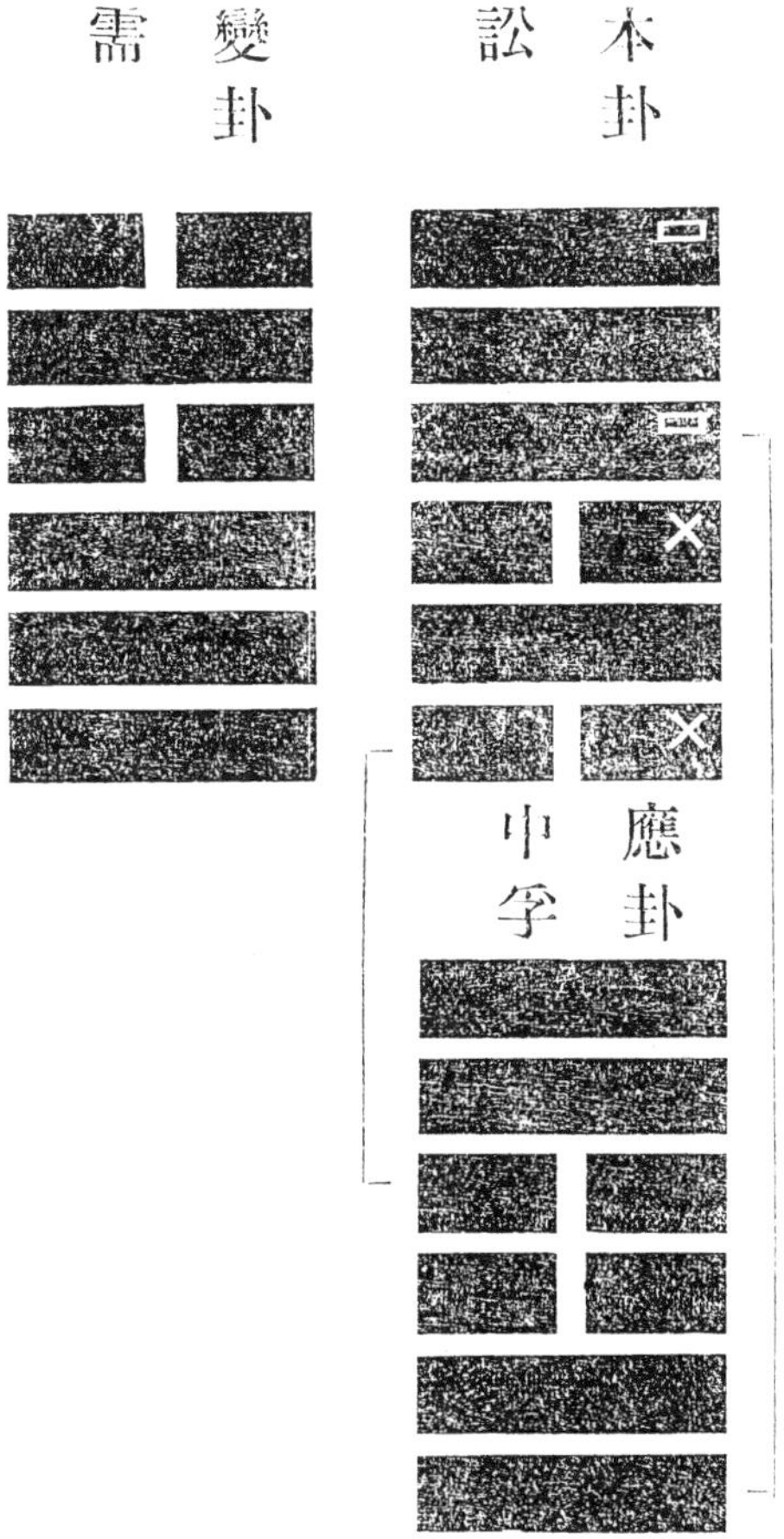

本卦
訟
應卦
中孚
變卦
需

の初六六三九四上九の四爻變して、變卦水天需となる、其變卦を

極卦
大壯

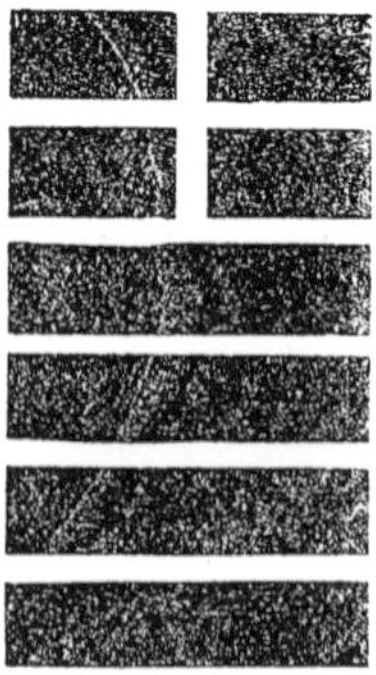

心卦
兌

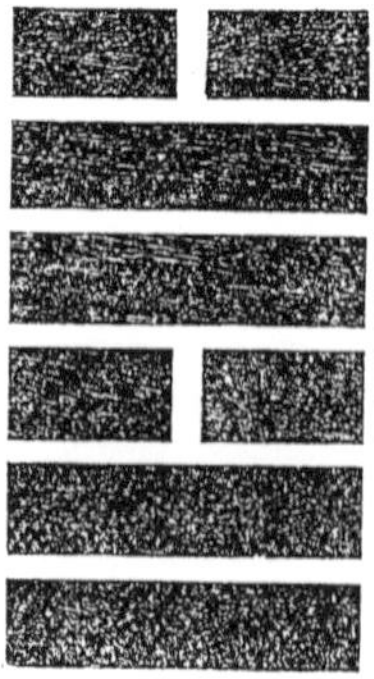

歸卦
隨

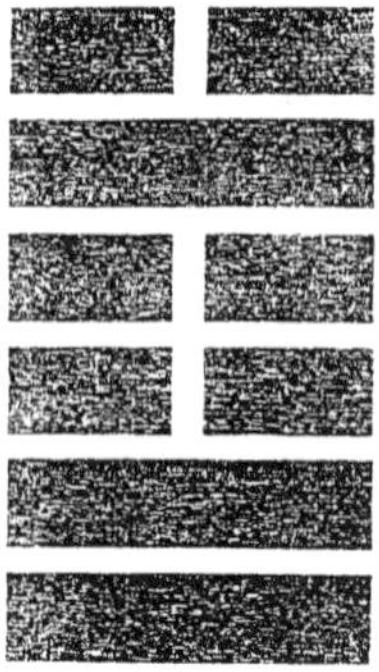

以て、此より起る所の吉凶を占ふ、然るに其起る所の吉凶を知るには、先つ爻位が其人の人品に合ふか合はさるかを論し、次に四聖の經辭に因て之を斷す、但し相生相克は卦の横に取て知る可く、次に應爻の有無を論ず、應爻は應助の理あるを以なり、即ち本卦訟の應爻は、中孚の卦なり、餘は口授、次に極卦に大壯を得、此の親類、兄弟、緣者等に關する吉凶の有無を占ふ、但し右變卦需の初三五の爻を拔き取て下卦に置き、殘

る所の二四上の爻を上卦に置けは、即大壯の卦となる、次に心卦に兌爲澤を得、此兌爲澤の卦を以て、子孫又は己の心中に未發の事を占ふ、但し右極卦大壯の初三五の爻を拔き取て、之を下卦に置き、二四上の爻を上卦に置く時は兌爲澤となる、次に歸卦に澤雷隨の卦を得、此の隨の卦を以て、己が身の終りの吉凶を占ふ可し、但し右心卦兌の内卦の數を以て、變爻を取るものなり、即ち心卦重兌の内卦、兌の數は二なるが故に、兌爲澤の二爻變じて隨となる、此即ち歸卦なり、其他皆之に同じ、若し心卦の内卦乾なれば、初爻を變じ、離なれば三爻を變じ、震なれば四爻を變じ、巽なれば五爻を變じ、坎なれば上爻を變じ、艮なれば亦初爻を變じ、坤なればニ爻を變ずるが如し、

右は人の生涯運象を論ずる大極秘法、口傳多々、

天眼通八目八傳別訣極意

此法は何れの卦たるを問はず、初爻に陰爻あり、上爻に陽爻あるか、或は初爻に陽爻あり、上爻に陰爻ある時は、此の初上兩爻を變動して、別に卦を顯はし、本卦及び變卦にて、其の占ふ事柄の大概を斷じ、然る後此の天眼の卦を以て巨細に斷ず可し、之を天眼八目の一となす、尚上圖を見て知る可し、

元卦
革

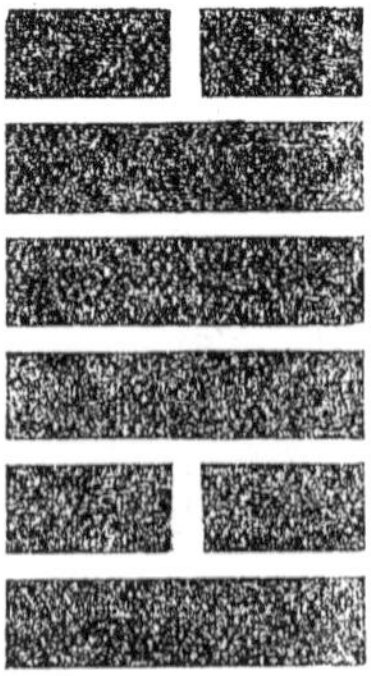

反卦
遯

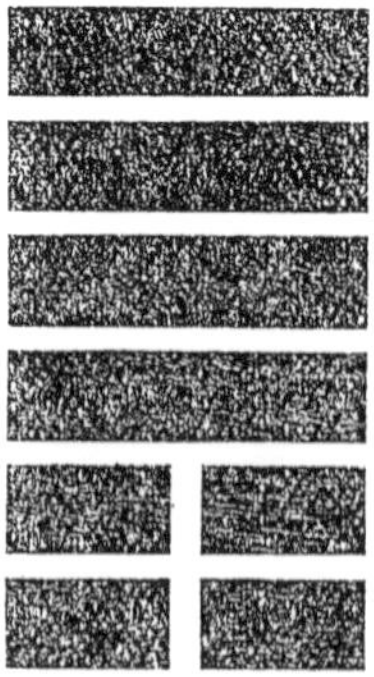

乾、坤、坎、離、中孚、小過、頤、大過の八卦は、變體の理なし、故に內卦に變動を生じたる時は、外卦を反して、下卦に轉じ、亦外卦に變動を生

本卦
乾

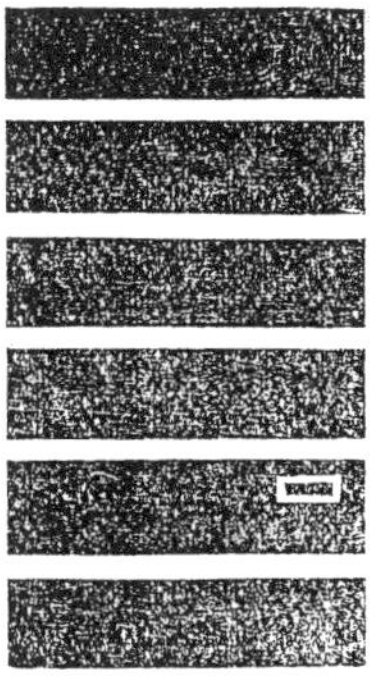

變卦
同人

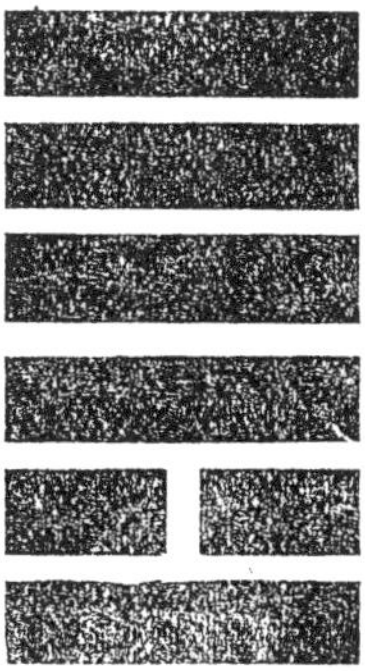

反卦
晉

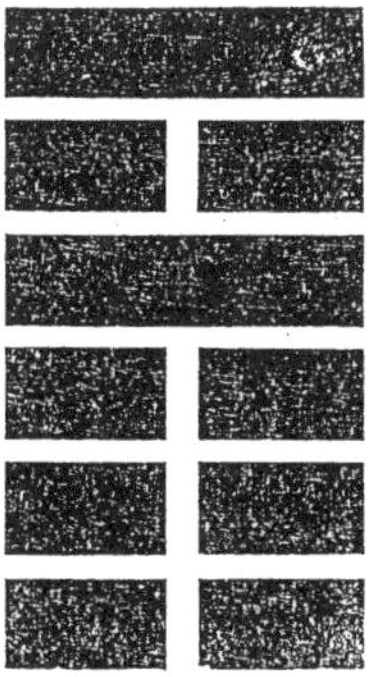

じたる時は、内卦を反して、上卦に轉ず可し、假令ば、上圖の如く、本卦乾の九二變じて、變卦同人となりたる時は、上卦は變動せざるが故に、此の上卦乾を表裏反覆して坤となし、其の坤を下卦へ轉ずる時は、火地晉の卦となるが如し、餘は上圖を推して知る可し、之を天眼八目の第二法となす、

六十四卦、成卦の主に變動を生じたる時は、其の變動を生じたる主爻より、下にあるの爻を殘らず反覆して占ふ可きものなり、其

の成卦の主爻の事は前に詳かなり、假令ば、上圖の如く、本卦水天

本卦　需

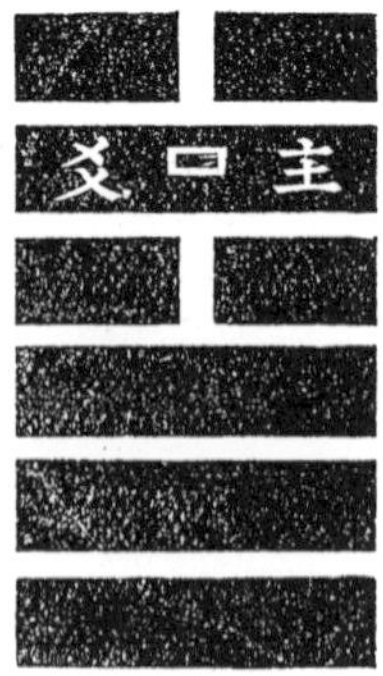
主爻

反卦　豫

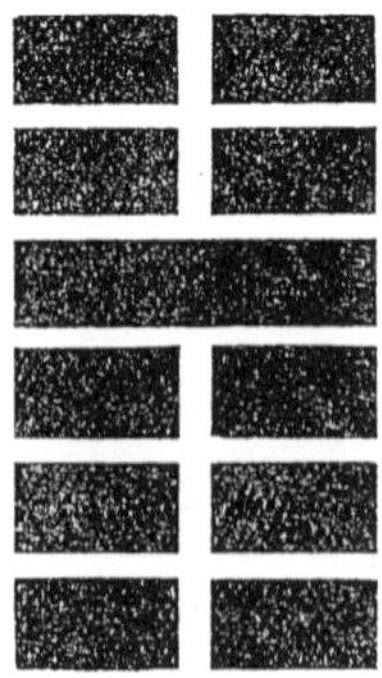

需の九五變じて泰となる如きは、需の主爻は即ち九五なり、故に其の九五以下の爻を反覆する時は、雷地豫となるの類なり、餘は之に傚ふて知る可し、之を天眼八目の第三法となす、

又内卦の三爻皆變じたる時は、外卦の三爻も皆之を反覆して、下

本卦　睽

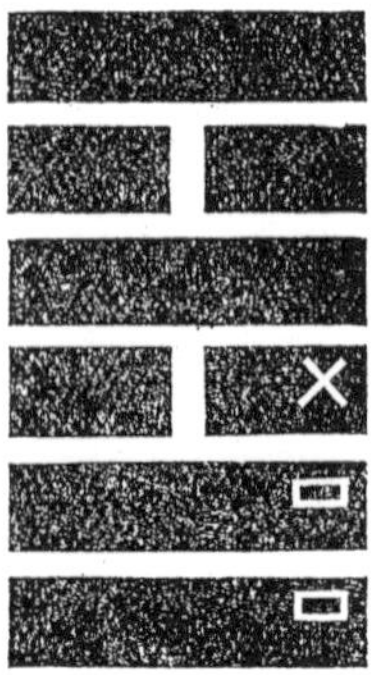

卦に轉じ、然る後三爻四爻と兩爻を反覆して卦を求め占斷に及ぶ可し

亦外卦の三爻皆變じたる時は、内卦

變卦
旅

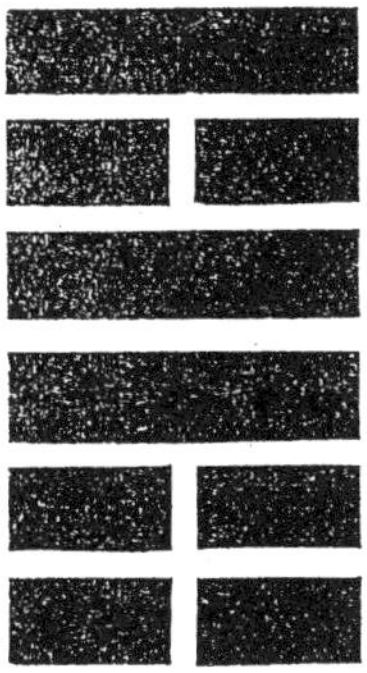

反卦
鼎

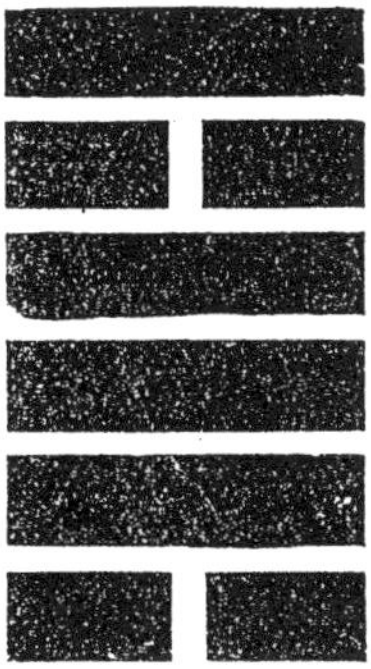

の三爻も皆之を反覆して、上卦に轉じ、而後三爻と四爻とを反覆して卦を求め占ふ可きものなり、假令ば、本卦に火澤睽を得て、初九九二六三の三爻同時に變じて、變卦火山旅となるが如きは、其の旅の外卦離を反覆して坎となし、之を下卦に轉ずれば山水蒙となる、其の蒙の三四兩爻を反覆すれば鼎となるが如し、其他皆之に準ず、之を天眼八目の第四法となす、

白羊曰く、案ずるに此法は本卦睽の內卦三爻皆變ずると雖ども、之を反さず其儘に差置て、不變の外卦離を反して坎となし、然る後之を下卦に轉ずれば澤水困となる、此の困の三四兩爻を反せ

ば水風井となる、此は變爻を生じたるを其儘にして變動せず、唯其の外卦のみを反覆して、之を上下に轉置して、三四兩爻を反したものにて、同門の末生抔は多く之を用ゆると雖ども、蓋し心得違なる可し、先生自得の天眼内卦、又は外卦三爻卦の占例は、全く前掲圖の如く、本卦睽なれば、變卦旅に就て、其の外卦を反覆して、之を下卦に轉じ、然る後其の三四兩爻を反覆し鼎となりたるものを以て占斷するの法なり、如何となれば、變爻を用ひず、直に本卦を反覆して、天眼の卦を求むれば、本卦變卦共に失ふが故なり、誤解して天眼の卦のみを用ひて、本卦を用ざれば、何を以て其事の體を定めむや、此れ蓋し末弟等の誤りなり、故に圖解に示すものこそ、眞の天眼なれば、此の如き法は、眞の天眼の傳にあらざるものと心得べし、又内卦初より二爻續て變動を生じたる時は、外卦の四五二爻を續けて反覆して卦を求むべし、假令ば、乾爲天の初爻二爻と續て變ずれば、變卦天山遯の卦となる、故に此の遯の四爻と五爻とを反覆すれば、艮爲山となること上圖の如し、之を天眼八目の第五法と云ふ、

本卦 乾　變卦 遯　反卦 艮

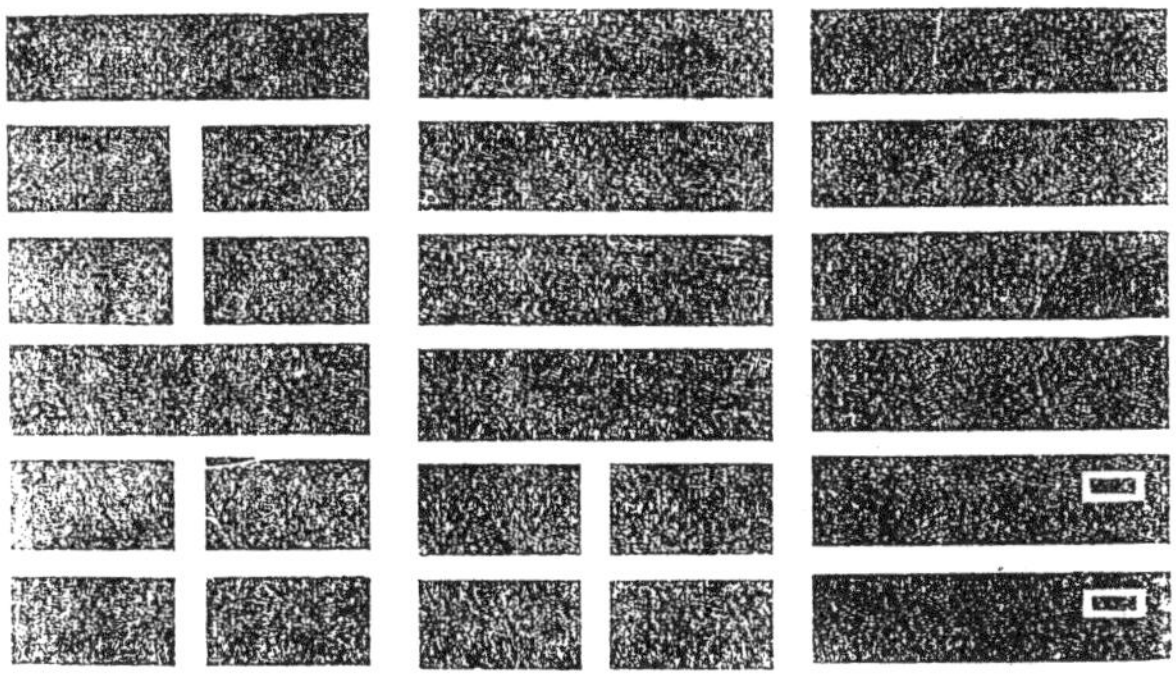

白羊曰く、此法も本卦乾なれば、初二變して遯となる、然るに其の初二を其儘にして動かさず、唯上の四五の二爻のみを反して、大畜となして用ゆると云ふの說あり、此亦前と同例にして、末弟輩の誤解に出で

たるものなる可し、故に上圖に從ふ可し、

又內卦の初爻より四爻まで續變する時は、外卦上爻より三爻まで、之を逆に續變す可し、假令ば、本卦乾爲天を得て、初二三四と下より四爻續て變ずれば、變卦は風地觀となる、故に此の變卦觀の上爻より三爻まで、逆に續けて之を反覆せば、雷山小過の卦を得るが如し、即ち上圖の如し、之を天眼八目の第六法となす、

本卦　乾

變卦　觀

反卦　小過

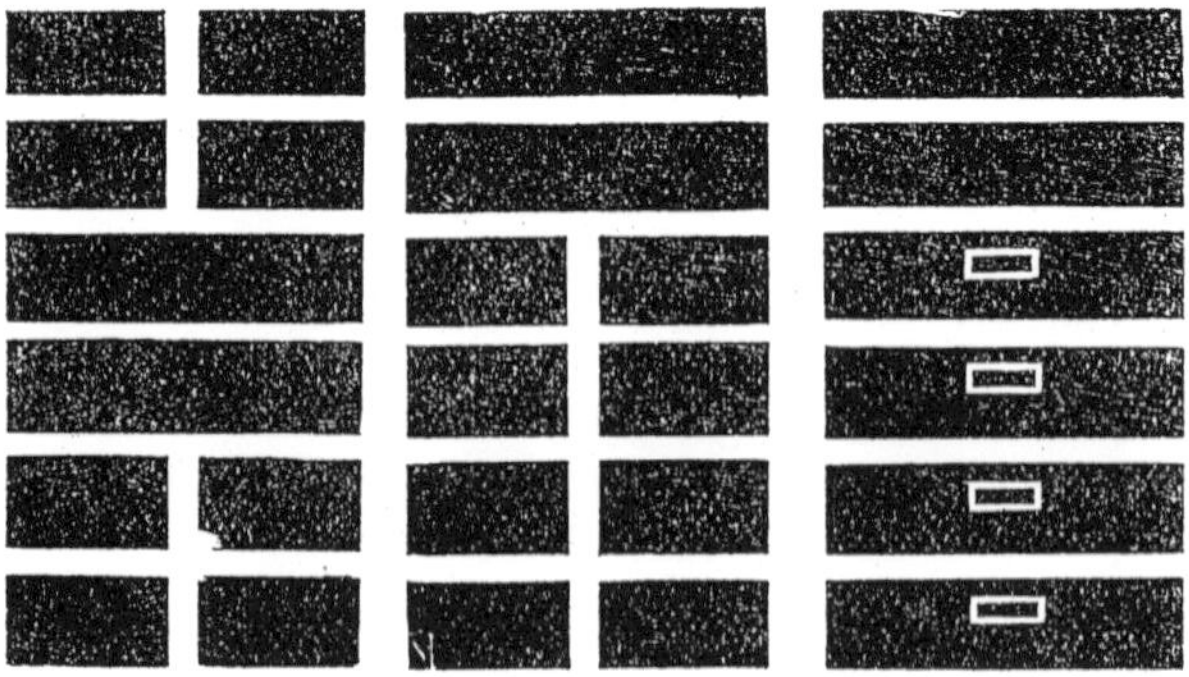

白羊曰く、此法も亦前例の如く、乾の初より四まで續變する時は觀となる、此の觀は置て、唯乾の初より四ま

で變ずるも之は反さずして、只上爻より下へ四爻續けて反せば、地澤臨の卦となると云ふ、此も亦誤解ならむ、亦後段五爻まで續變するの法も同然なり、故に一々之を記さず、之に準じて辨知す可し、

又外卦上爻より三爻まで四爻續變する時は、内卦初爻より四爻まで之を續反して、別に卦を求む可し、前例の反對なり、

又内卦初爻より五爻まで、續變したる時は、外卦上爻より二爻まで、逆に之を續反す可く、亦外卦上爻より二爻まで續變したる時は、内卦初爻より五爻まで、之を逆反して卦を求む可し、今之を圖解せず、前例を推して知る可し、之を天眼八目の第七法となす、以上の續變は、何れの卦たるを問はず、六十四卦皆同例なりと知る可し、

又六爻皆變の卦を得たる時は、其の主爻を反す可し、但し一卦の

本卦 同人

變卦 師

反卦 比

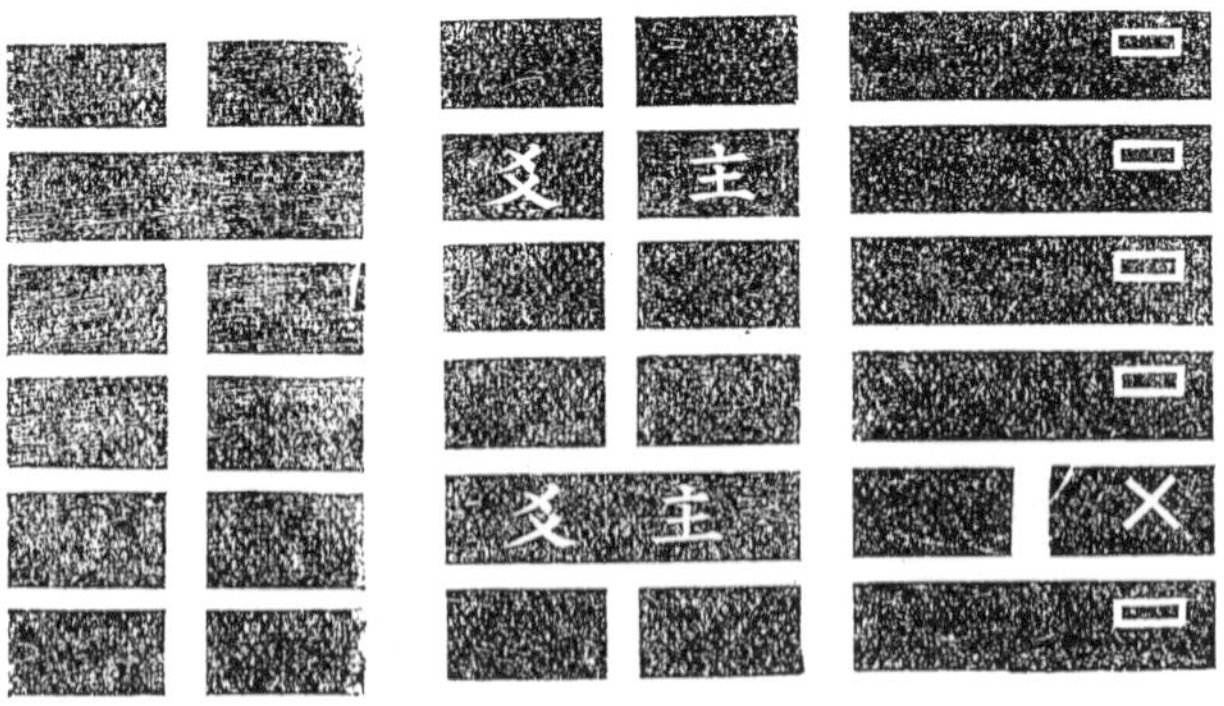
主
爻
主
爻

主爻にして、成卦の主爻にあらず、假令ば、天火同人の六爻皆變じて、地水師となるが如き、此の師の内卦坎の主は、中爻にて師の九二なり、亦外卦坤の主も、中爻にて師の六五なり、故に此の内外二卦の中爻、即ち九二と六五との兩主爻を反す時は、水地比の卦となること上圖の如し、之を天眼八目の第八法となす、

白羊白く、此法も亦同人の皆變は師なれども、之には拘はらず、此の同人の内卦離の主爻たる六二と、

外卦乾の主爻たる九五とを反して、大有となると云ひ、亦同人の主爻は六二なれば、其の六二を反して乾爲天となすと云ひ、或は同人の皆變じたる師の主は九二なるが故に之を反して坤爲地となす等の說ありと雖ども、此皆末弟の誤解に出でたるものなり、

以上に掲げたる初上陰陽卦と、定體八卦と、三爻一卦皆變と、二爻續變と、四爻續變と、五爻續變と、六爻皆變と、成卦主變との八則、之を天眼の八目と稱し、先生自得の極奥大秘の靈法なれば、假りにも他門の徒に漏すことを許さず、必ず一身の秘法として密行す可し、秘す可し、秘す可し、

五隣傳五官の奥義

五隣傳の法なるものは、第一生涯の運象、願望の終始、五官の占法、年月日時に當てゝ之を割るの口訣なり、卦配の圖を見て知得す可く、占斷して妙應あるもの、此法の上に出づるもの、他に之れ無きものなり、

乾坤の二卦は、其の用法他卦と異なり、乾は初九と上九との二爻を反し、即ち大過の卦となして之を用ひ、坤は初六と上六との二爻を反し、頤の卦となして之を用ゆ可く、其他六十二卦、共に變卦に就て之を用ゆ可し、但し不變の時は、本卦に就て之を用ゆるの法あり、

假令ば、本卦水地比にして、其の初六變じて水雷屯となる、之を五隣の始となす、變卦屯を逆にすれば山水蒙となる、之を次の應卦となす、變卦屯の裏卦は火風鼎なり、之を其次の用卦となす、用卦

鼎を逆にすれば澤火革となる、之を其次の對卦となす、變卦屯の內卦震を上卦に轉じ、外卦坎を下卦に轉ずれば、雷水解となる、之を終りの生卦となす、先づ左に圖を以て五隣の用法を示す可し、

始
變卦屯

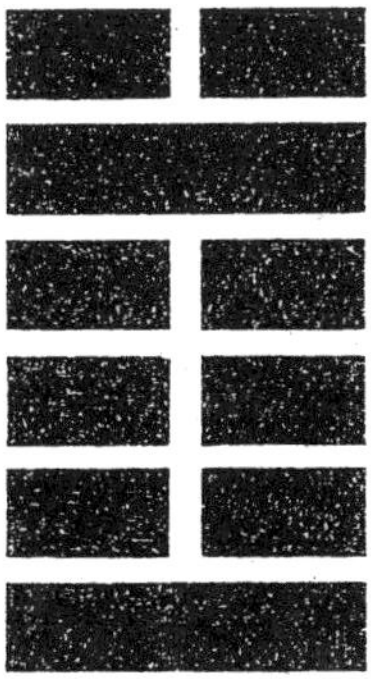

六年目	六日目 益
五年目	五日目 復
四年目	四日目 隨
三年目	三日目 既濟
二年目	二日目 節
其年	其日 比

次
應卦蒙

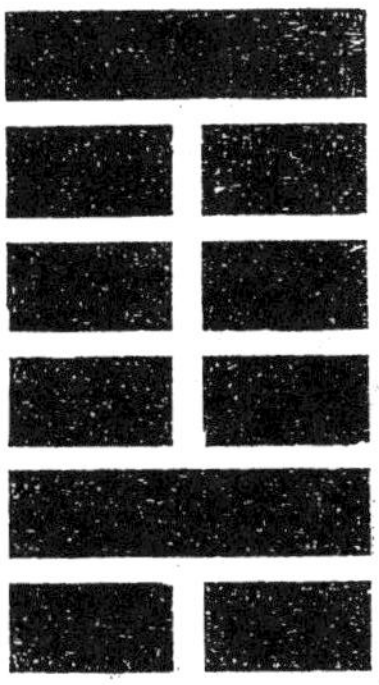

十二年目	十二日目 師
十一年目	十一日目 渙
十年目	十日目 未濟
九年目	九日目 蠱
八年目	八日目 剝
七年目	七日目 損

圖の如く終身の運氣を占ふには、本卦比なれば、世人の親愛交和あり、今變じて屯となれば、身心穩かならず、艱難ある可し、應卦蒙なれば、不明の事に心迷ふて、進退自由ならず、用卦鼎なれば、住居の

移轉、又は轉業の望み起る可し、對卦革なれば、彌々移住轉業をなすに至る可く、生卦解なれば、一度は物入損失ありと雖ども、終には苦勞心配事抔消散して、開運出世に至る可しと云ふが如し、

三

用卦鼎

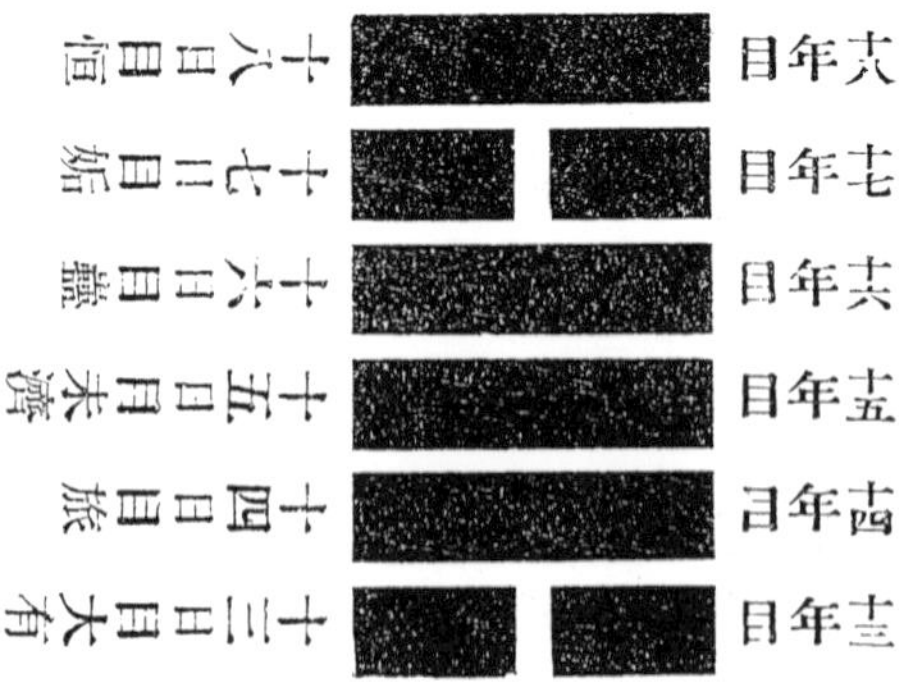
十八年目
十八日目 恒
十七年目
十七日目 姤
十六年目
十六日目 蠱
十五年目
十五日目 未濟
十四年目
十四日目 旅
十三年目
十三日目 大有

四

對卦革

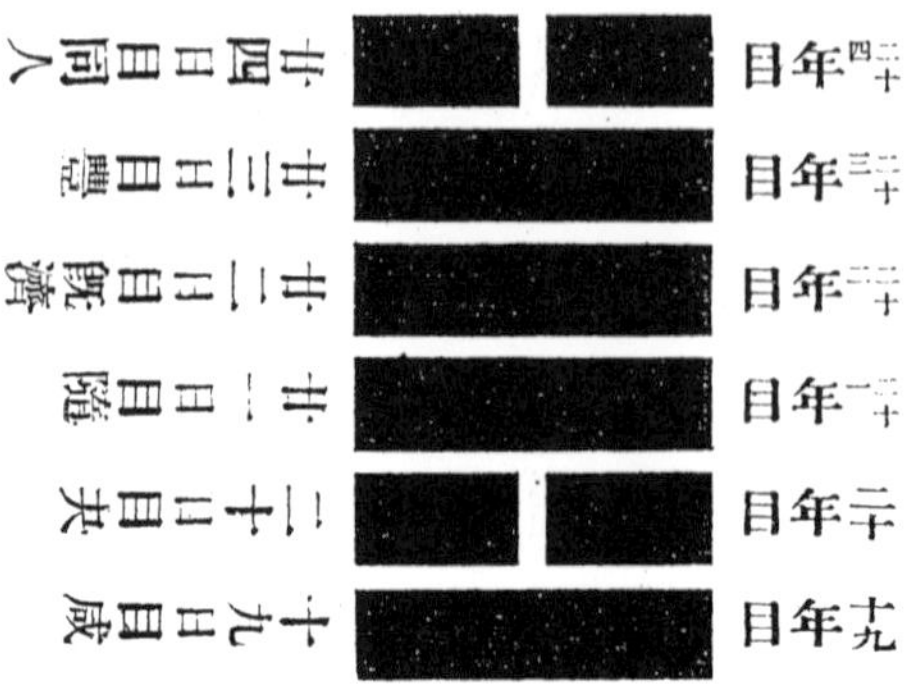
二十四年目
廿四日目 同人
二十三年目
廿三日目 豐
二十二年目
廿二日目 既濟
二十一年目
廿一日目 隨
二十年目
二十日目 夬
十九年目
十九日目 咸

又之を年々の吉凶に當て、割卦をなさむと欲せば、圖の如く、初の六ケ年は屯にて、其年は屯の初爻を反して比、二年目は六二を反して節、三

年目には六三を反して既濟、四年目は六四を反して隨、五年目は九五を反して復、六年目には上六を反して益となして、其の吉凶を占ふ可く、七年目より十二年目までの六ケ年は蒙にして、其の年割は前の屯と同斷なり、十三年目より十八年目までの六ケ年は鼎にして、十九年目より二十四年目までの六ケ年は、革にして、二十五年目より三十年目までの六ケ年は解なり、以上五六三十年の間、皆其卦の初爻より一爻一爻上に反して、其の年々の卦を求めて、其年の吉凶を占ふ可し、但し一度反したる爻は、亦元の如くに戻し置きて、然る後其の

終

生卦解

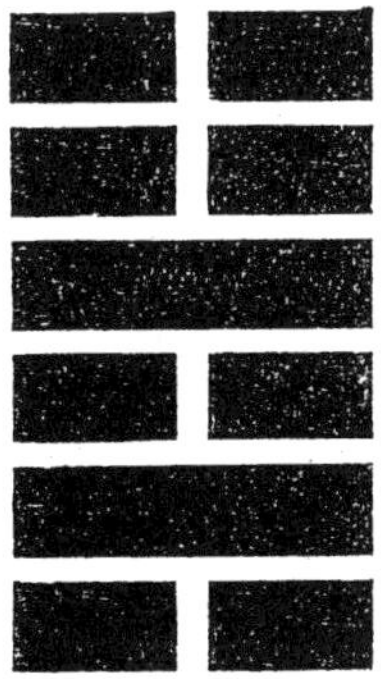

三十年目	卅日目未濟
二十九年目	廿九日目困
二十八年目	廿八日目師
二十七年目	廿七日目恒
二十六年目	廿六日目豫
二十五年目	廿五日目歸妹

上の爻を反し、之も亦元へ戻して、後其の上の爻を反して卦を求む可し、尚之を詳かにすれば左圖の如く、變卦屯の六爻を以て六年に配當し、其他の四卦を通じて五六の三十卦三十ヶ年に配當す、日割の法も之と同じく、圖の傍に記入するが如く、變卦屯の初爻を初日とし、二爻を二日目となし、五卦通計三十爻を反して、三十日に配當するものにして、其他何れの卦を得たる時にも、此例に從て配當す可し、此の如く一筮にして三十年間の吉凶を未然に決すること、實に妙と云ふ可し、尚之を詳かにせば左圖の如く、應卦蒙も、用卦鼎も、對卦革も、生卦解も皆同じ、

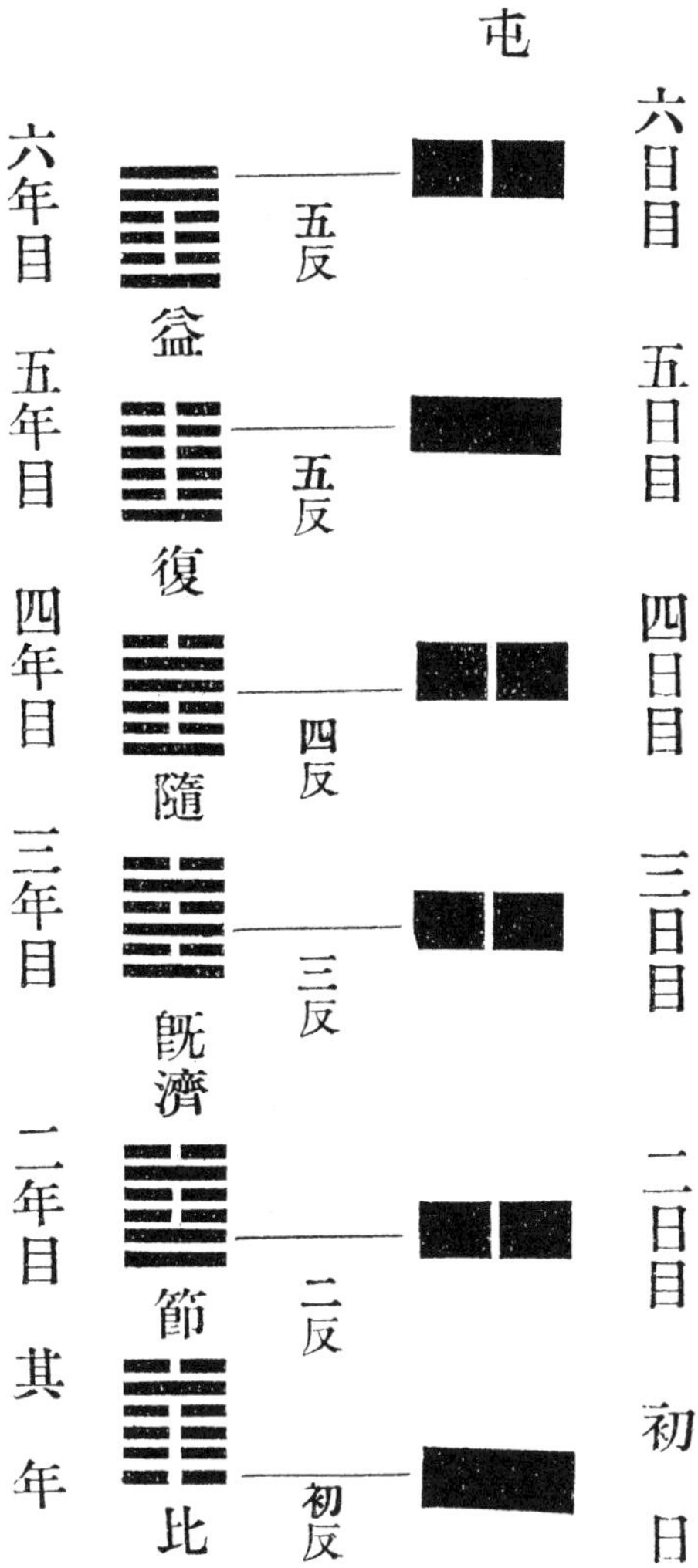
屯
六日目
五日目
四日目
三日目
二日目
初日
五反
五反
四反
三反
二反
初反
益
復
随
既濟
節
比
六年目
五年目
四年目
三年目
二年目
其年

五隣傳配卦

右五隣配卦を爲すに就き、初學者をして一目分明ならしめむが爲めに、之を列擧して參考に供す可く、左の卦配は、變卦を五隣の法に繋けて、第一番目は、變卦、第二番目は應卦、三は用卦、四は對卦、五は生卦にして、以上五卦は、即ち五隣卦の配列なり、

乾用 大過大過頤々中孚	坤用 頤々大過大過小過
屯蒙鼎革解	蒙屯革鼎蹇
需訟晋明夷訟	訟需明夷晋需
師比同人大有比	比師大有同人師
小畜履豫謙姤	履小畜謙豫夬
泰否否泰否	否泰泰否泰
同人大有師比大有	大有同人比師同人

謙豫履小畜剝
隨蠱蠱隨歸妹
臨觀遯大壯萃
噬嗑賁井困豐
剝復夬姤謙
无妄大畜升革大壯
頤々大過大過小過
坎々離々坎
咸恒損益損
遯大壯臨觀大畜
晉明夷需訟明夷
家人睽解蹇鼎

豫謙小畜履復
蠱隨隨蠱漸
觀臨大壯遯升
賁噬嗑困井旅
復剝姤夬豫、
大畜无妄萃升遯
大過大過頤々中孚
離々坎々離
恒咸益損益
大壯遯觀臨无妄
明夷晉訟需晉
睽家人蹇解革

蹇解睽家人蒙
損益咸恒咸
夬姤剝復履
萃升大畜无妄臨
困井賁噬嗑節
革鼎蒙屯睽
震艮巽兌震
漸歸妹歸妹漸蠱
豐旅渙節噬嗑
巽兌震艮巽
渙節豐旅井
中孚中孚小過小過大過

解蹇家人睽屯
益損恒咸恒
姤夬復剝小畜
升萃无妄大蓄觀
井困噬嗑賁渙
鼎革屯蒙家人
艮震兌巽艮
歸妹漸漸歸妹隨
旅豐節渙賁
兌巽艮震兌
節渙旅豐困
小過小過中孚中孚頤

既濟未濟未濟既濟未濟　未濟既濟既濟未濟既濟

右五隣傳の法は、先生自得の傳にして、古來素より此理ありて、發見されたるものなり、其用は秘す可く、話說示言すること勿かれ

爻位傳外說

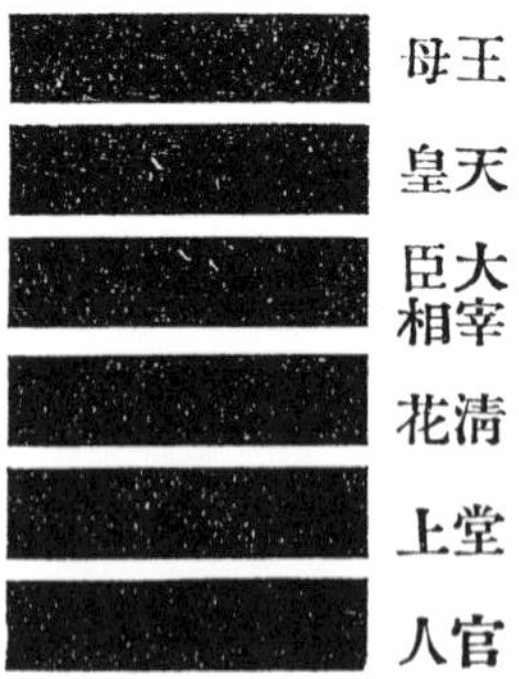
王母
天皇
大臣
宰相
清花
堂上
官人

内裏御公家配位の圖

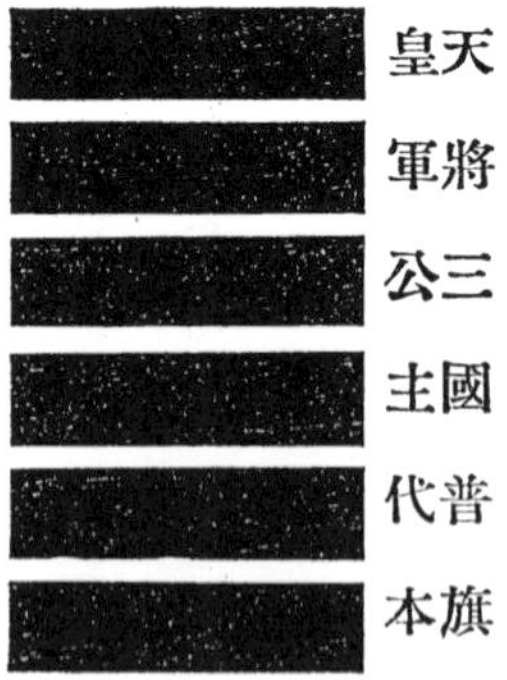
天皇
將軍
三公
國主
普代
旗本

將軍武家配位の圖

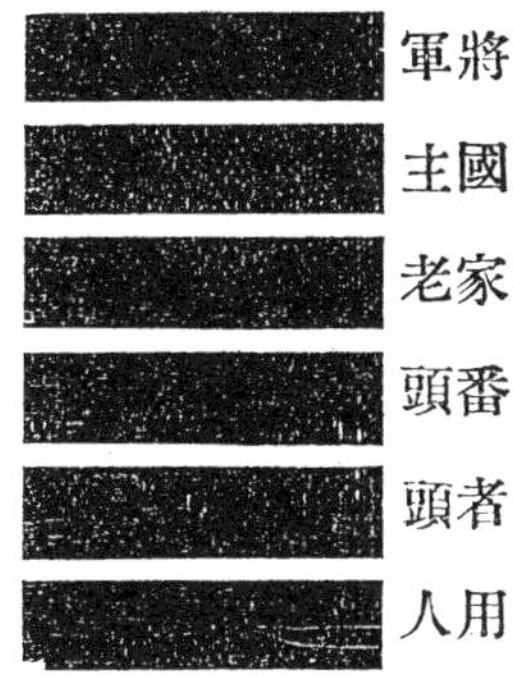

將軍
國主
家老
番頭
者頭
用人

國主大名配位の圖

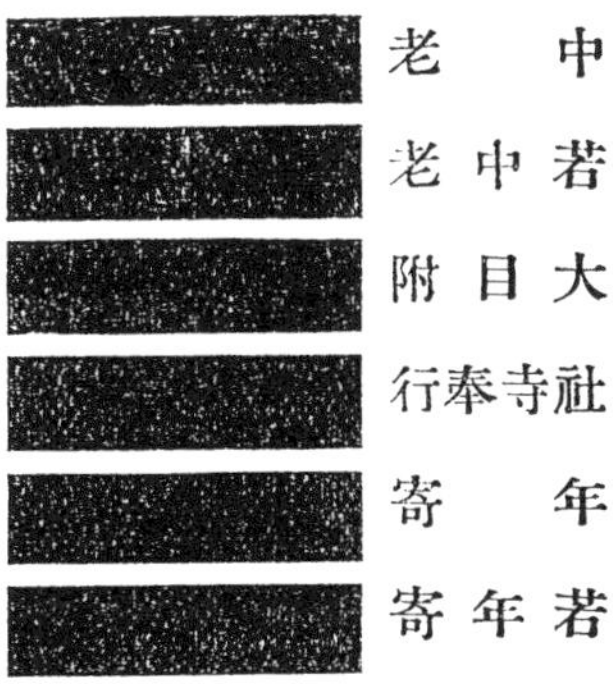

中老
若中老
大目附
社寺奉行
年寄
若年寄

役人配位の圖

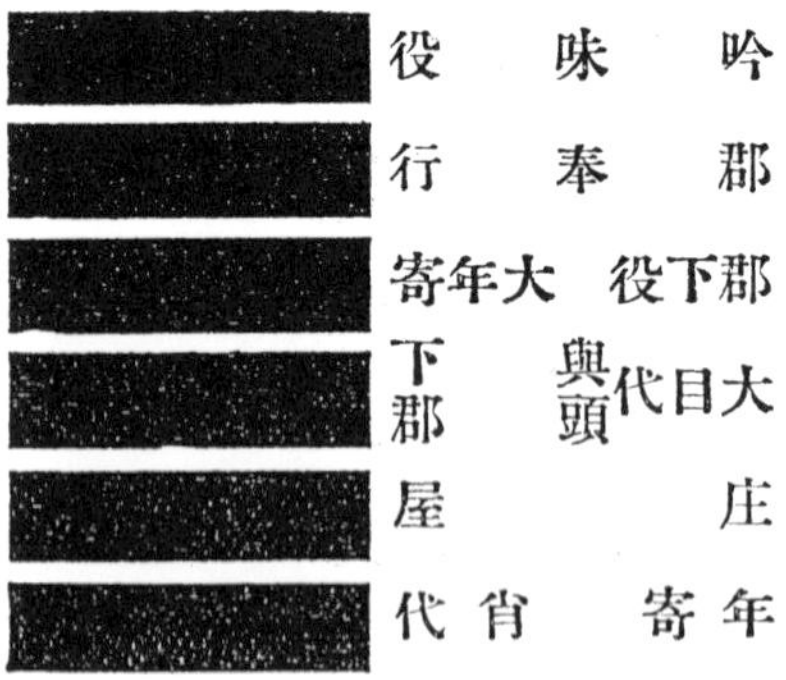
吟味役
郡奉行
郡下役　大年寄
大目代　與頭　下郡
庄屋
年寄　肖代

郡役人配位の圖

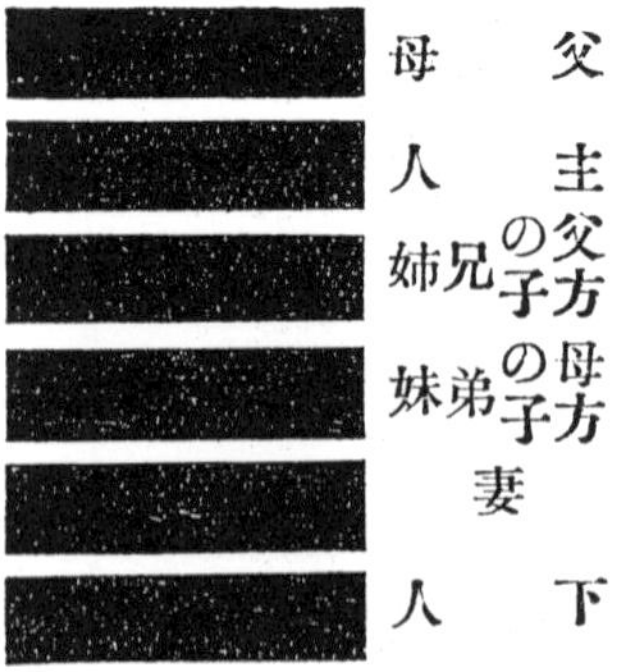
父母
主人
父方の子　兄姉
母方の子　弟妹
妻
下人

家内中配位の圖

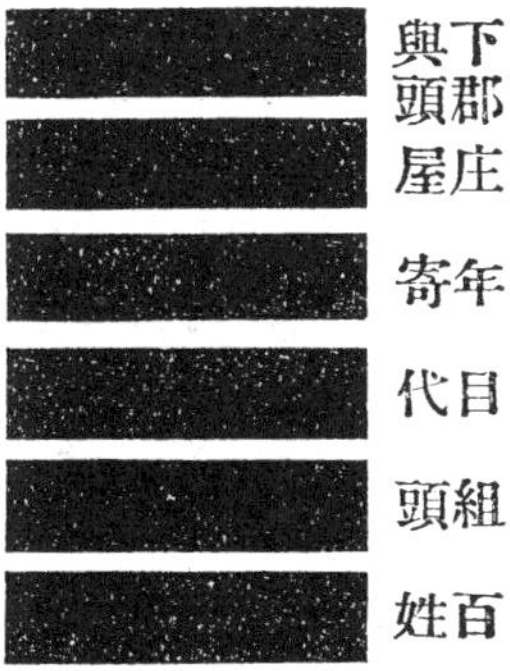
下郡
與頭
庄屋
年寄
目代
組頭
百姓

郷村人配位の圖

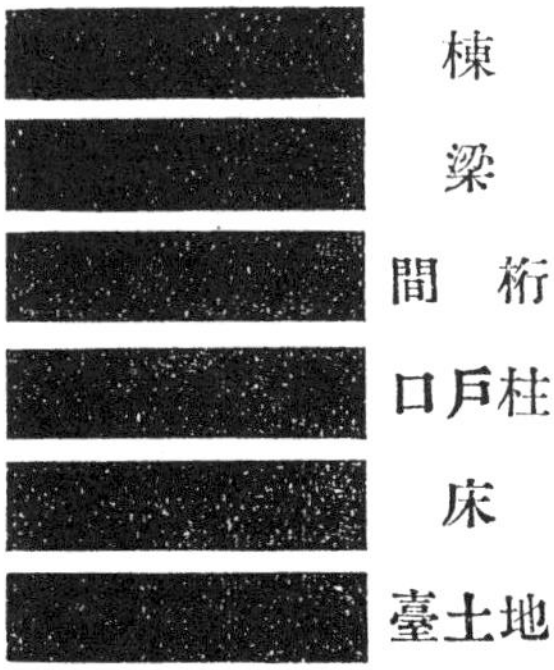
棟
梁
桁
間
柱
戸口
床
地
土臺

家宅配位の圖

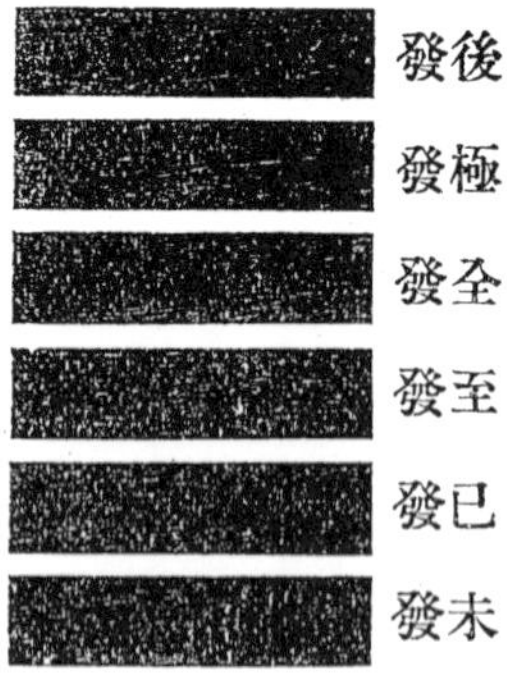
後發
極發
全發
至發
已發
未發

占法有常配位の圖

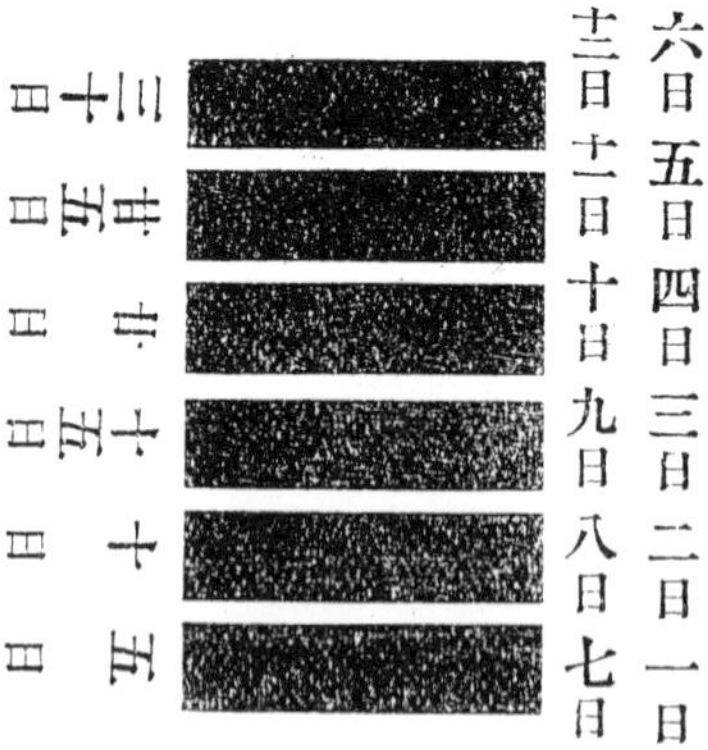
六日
五日
四日
三日
二日
一日
十二日
十一日
十日
九日
八日
七日
三十日
廿五日
廿日
十五日
十日
五日

日數配位の圖

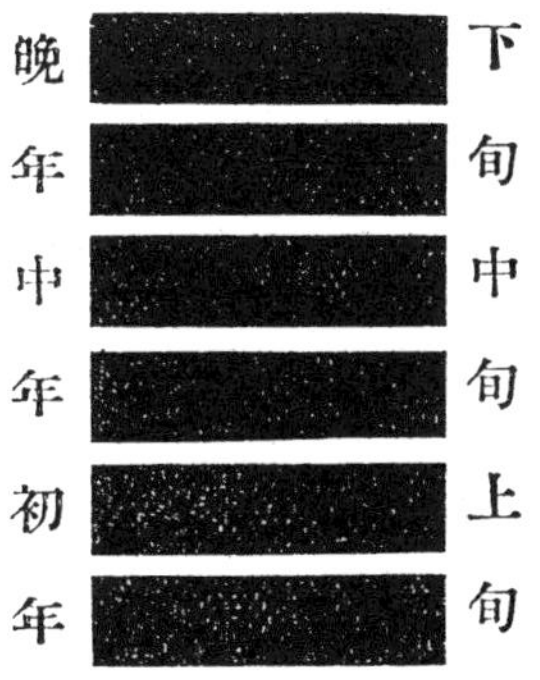
下旬
中旬
上旬
晩年
中年
初年

三旬及び初中晩配位の圖

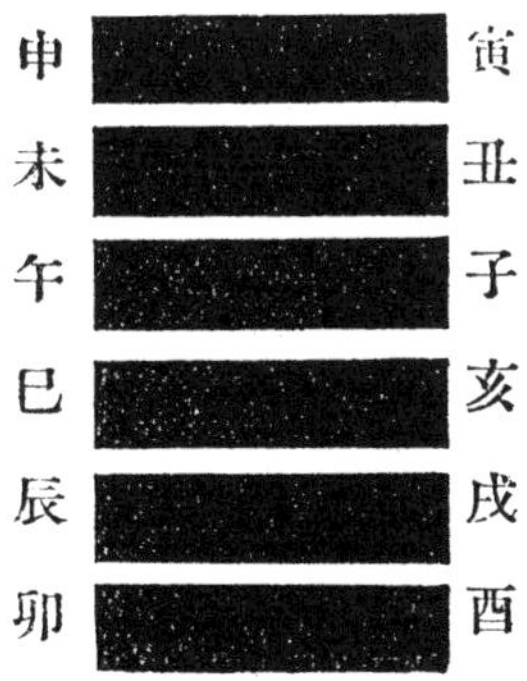
寅
丑
子
亥
戌
酉
申
未
午
巳
辰
卯

十二時配爻の圖

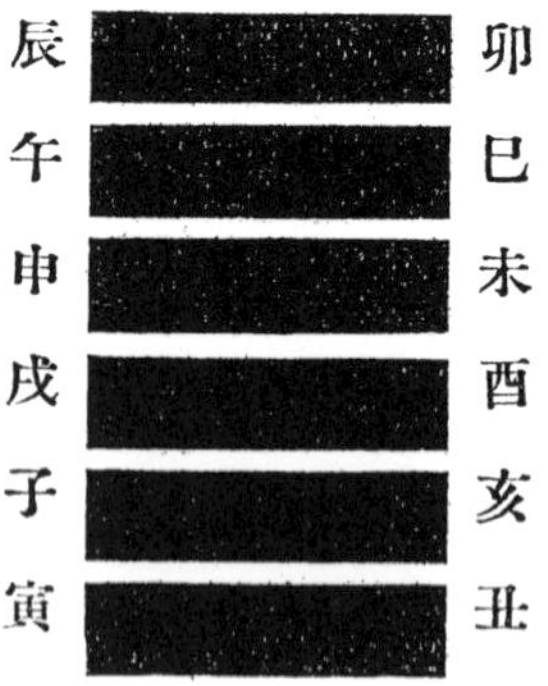
卯巳未酉亥丑
辰午申戌子寅

方位配當の圖

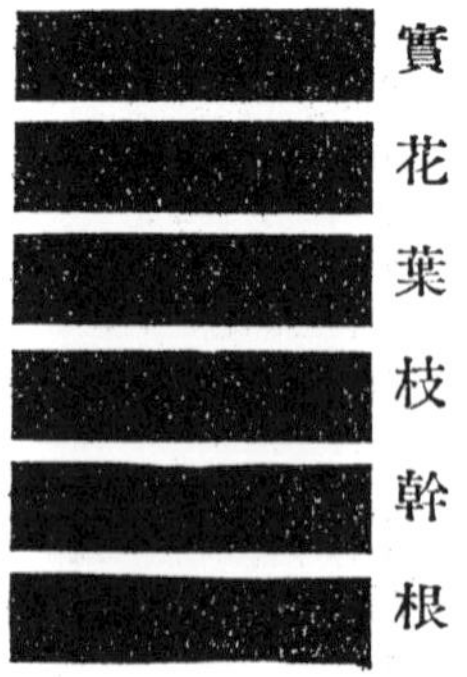
實花葉枝幹根

草木爻屬例

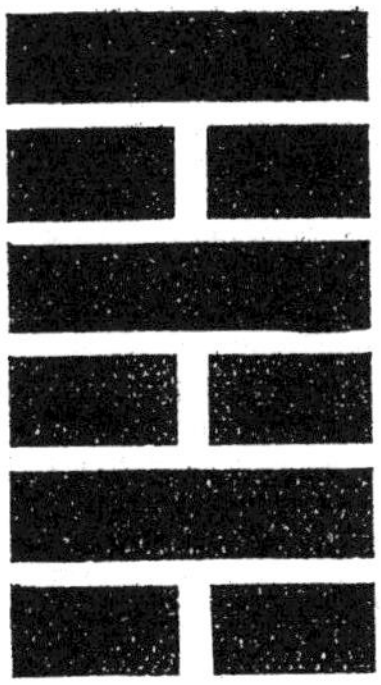
不正 不中
不正 中
不正 不中
不正 不中
不正 中
不正 不中

不中不正爻如㆓未濟㆒虛凶

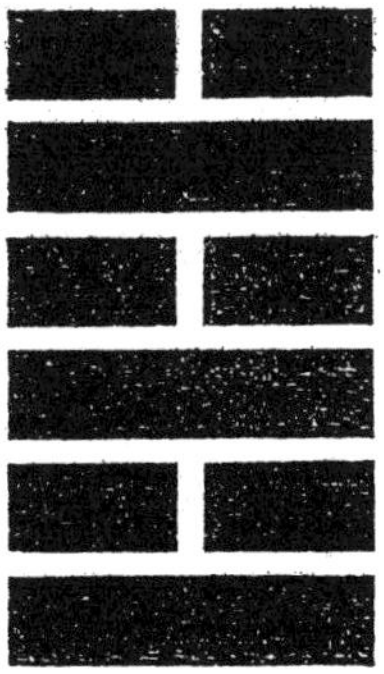
正 陰
中正 陽
正 陰
正 陽
中正 陰
正 陽

中正爻如㆓既濟㆒實吉

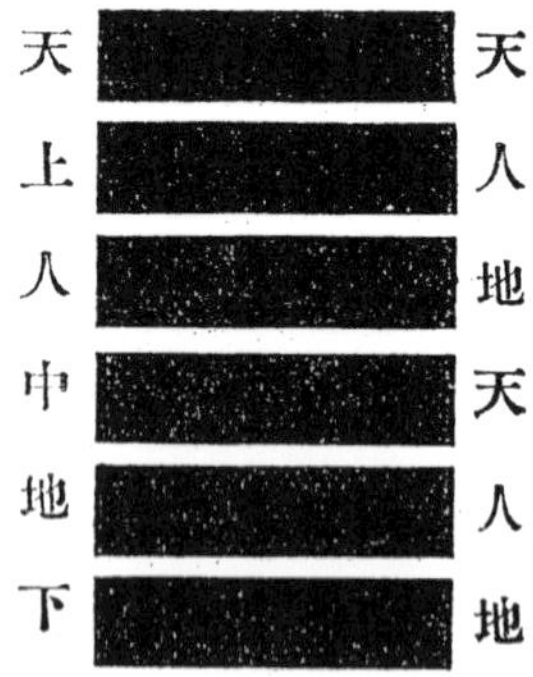
天
人
地
天
人
地
天上
人中
地下

三才配位の圖

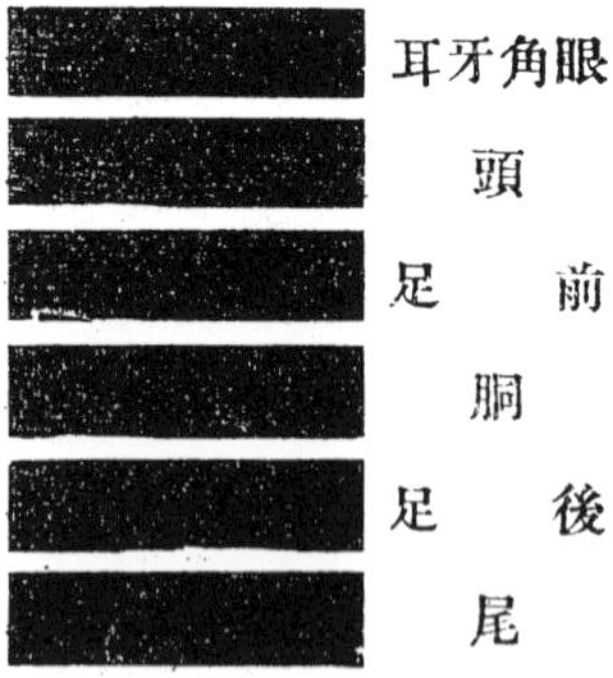
眼角牙耳
頭
前足
胴
後足
尾

獸體爻屬の圖

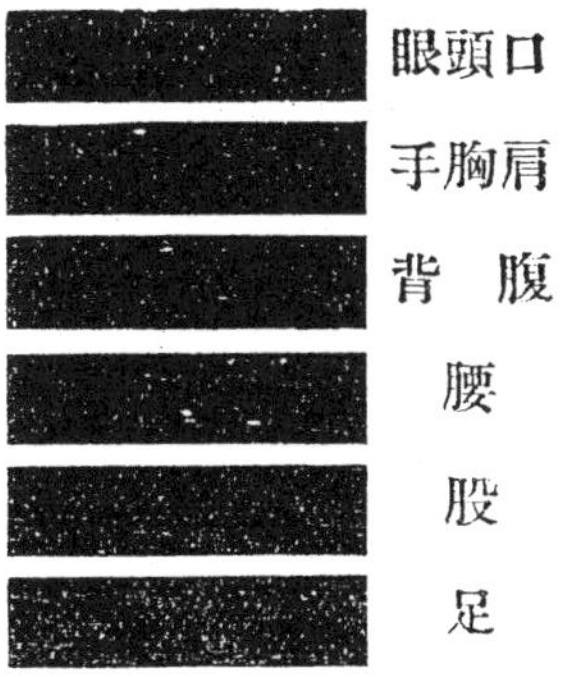
口頭眼
肩胸手
腹背
腰
股
足

人體爻屬の圖

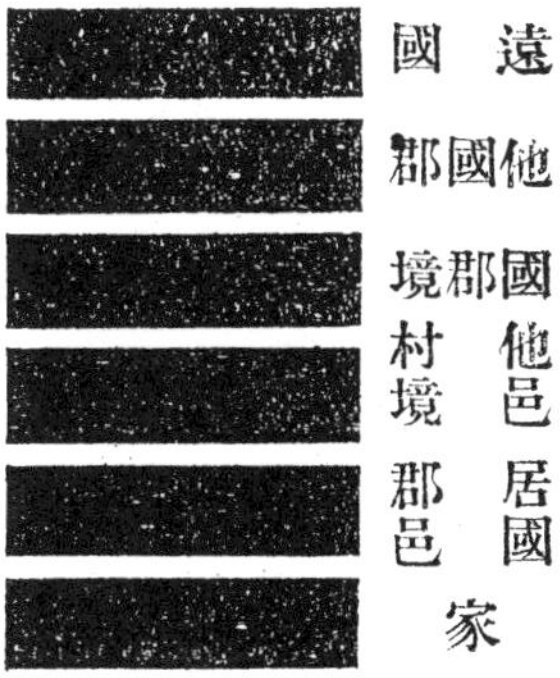
遠國
他國郡
國郡境
他邑
村境
居國
郡邑
家

國郡村爻屬

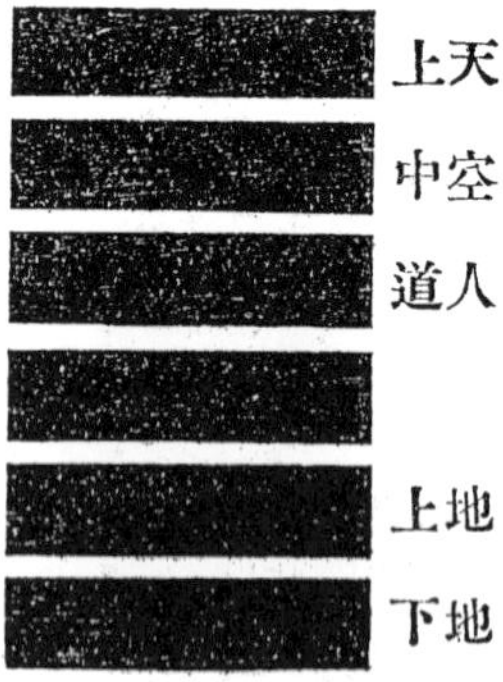

天上
空中
人道
地上
地下

天人地交屬

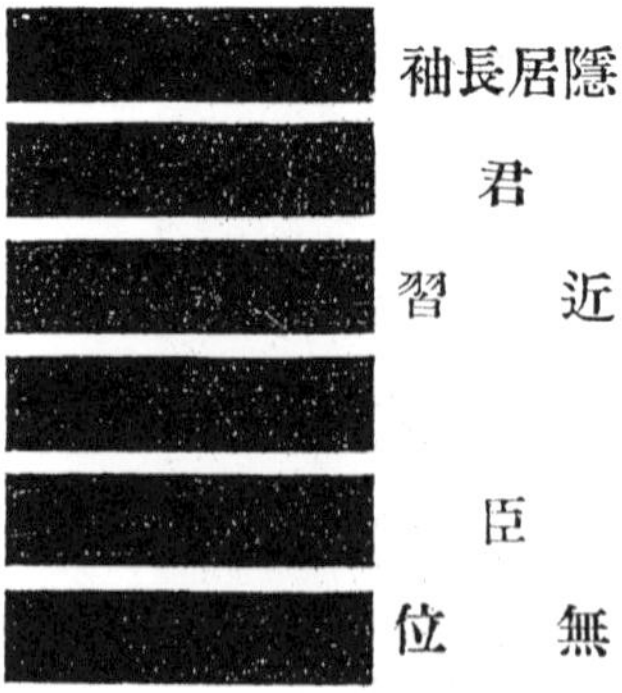

隱居長袖
君
近習
臣
無位

君臣分別圖

重クシテ落チ易キモノ
至テ輕キモノ
輕キ物ニ重キ物ヲ附ケタル象
輕ク細キモノ
重ク大ナルモノ
重クテ上エ用達ナキモノ

輕重爻位圖

天眼響通の傳

左圖の如く、本法に於て體卦を見るには、其の本卦に變爻の生じたる所を取る、今此の卦は震爲雷の四爻變なれば、四爻目を體卦に取るなり、初爻變なれば、初爻體卦なり、二爻變、三爻變、其他何れの爻にても、變爻を生じたるものを、體卦となす、祇、用、飛、行、傳、見の

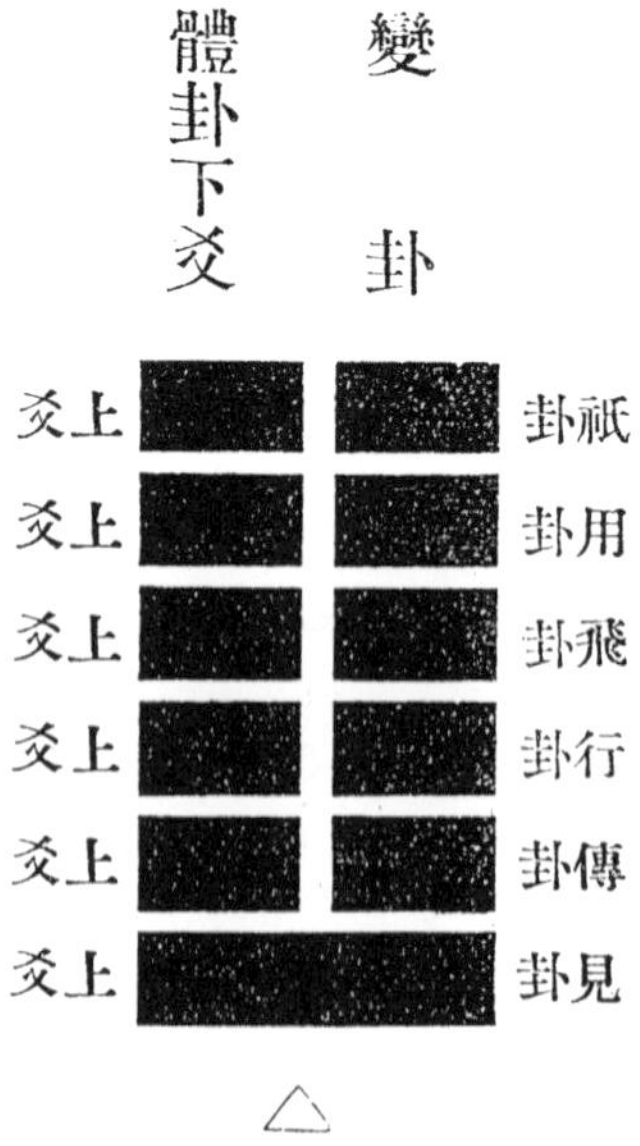
變卦
體卦下爻
祇卦
用卦
飛卦
行卦
傳卦
見卦
上爻
△

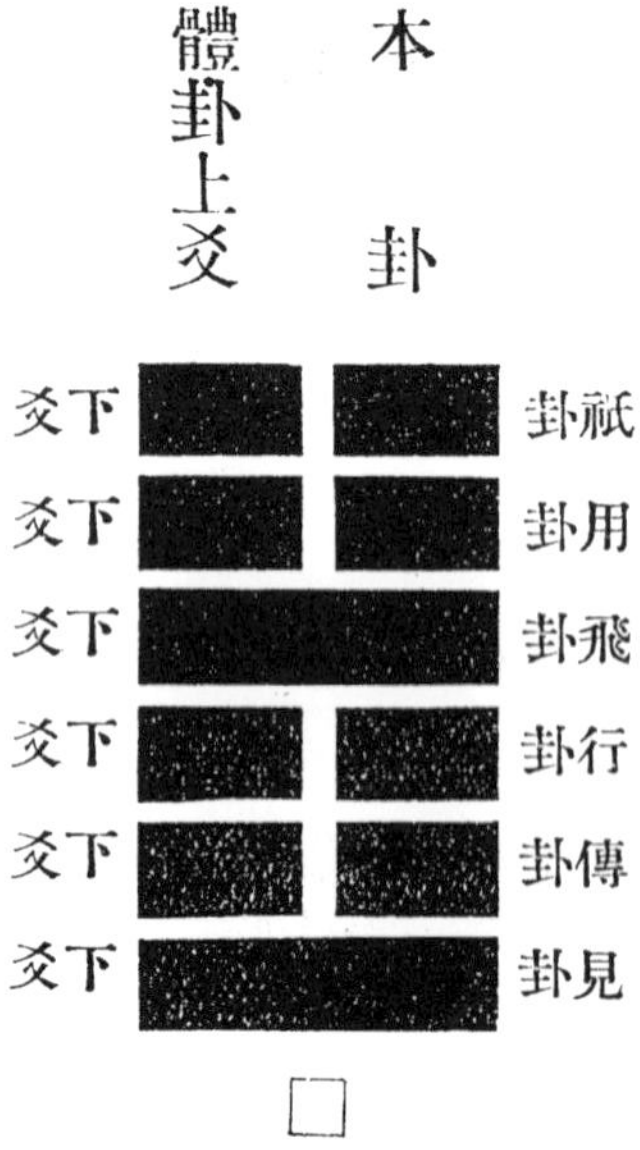
本卦
體卦上爻
祇卦
用卦
飛卦
行卦
傳卦
見卦
下爻
□

六卦は、本卦の爻下爻、變卦の爻上爻なれども、體の一卦は、之に反して、本卦の爻上爻となり、變卦の爻下爻となる、

中卦、即ち本卦の互卦にては、變爻に關せず、體卦の爻は五爻目にして、用卦の爻と兩度之を用ひ、圖の如く上より順に爻を取るなり、

中卦

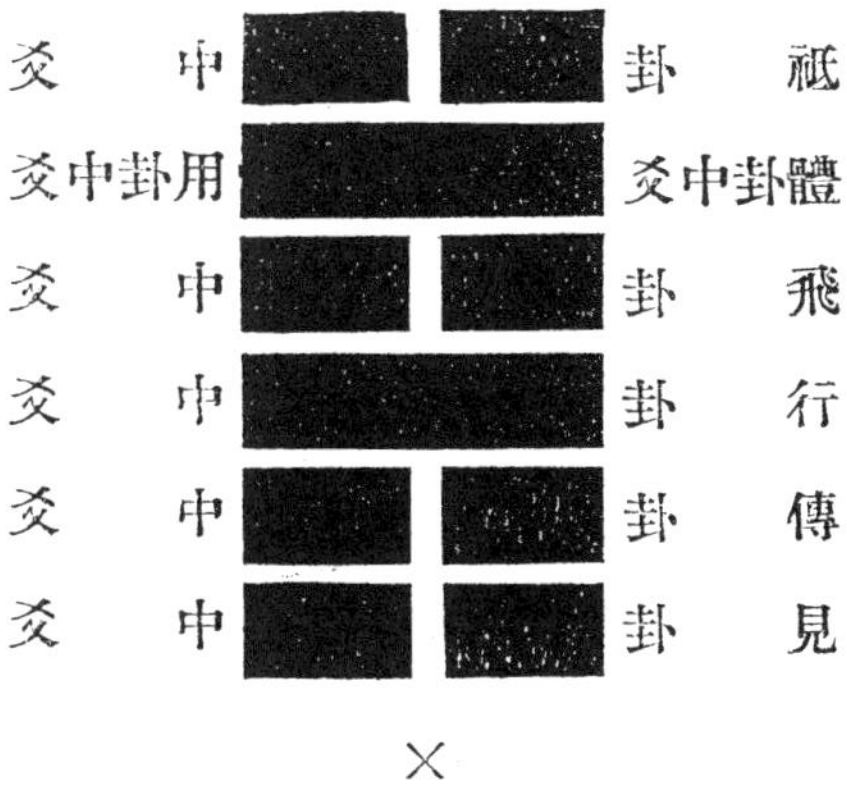
祇 卦
體卦中爻
飛 卦
行 卦
傳 卦
見 卦
中 爻
用卦中爻
中 爻
中 爻
中 爻
中 爻
×

右本卦、變卦、中卦を組合せて七卦を生ず、左圖の如し、其の方法前の如く、本卦□、變卦△、中卦×の符號を見て知る可し、

其一　祇卦

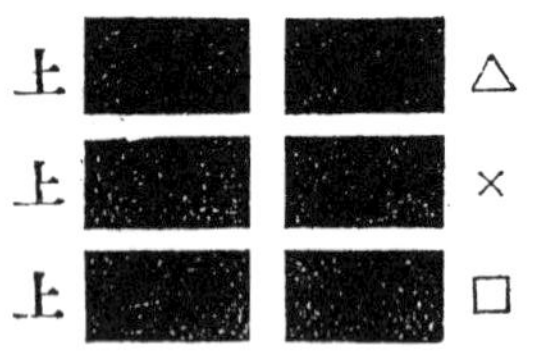
上
上
上
△
×
□

此卦にて其物の位を考ふ、
坤の卦にて云へば、賤しき物、或は人ならば下民、下品の人、農人の類、餘は推して知る可く、凡て其位を見るの卦なり

其二　體卦

四
五
四
□
×
△

此卦にて物の體を考ふ、巽にて云はゞ、能く行届きたる、或は遠方へ掛引ある人、餘卦は此例にて考ふ可し、

其三　用卦

△ × □

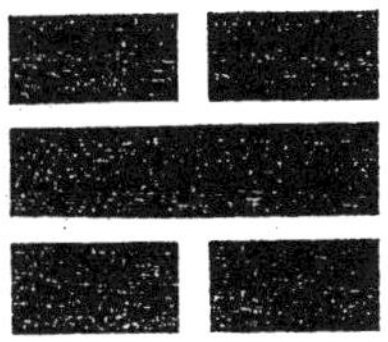

五 五 五

此卦にて其用を考ふ、坎にて云へば、當物にては、水に用ひたるもの、人なれば舟人、或は酒を商ふ人の類なり、

其四　飛卦

△ × □

四 四 四

此卦にて其の動静を考ふ、震にて云へば、動く物の類、人ならば、躁かしき人の類、凡て此例を推して、其の動静を察す可し、

其五　行卦

△
×
□
三
三
三

此卦にて其の行く所を見る、此の卦は方位を指す所の卦なり、北に志す人、北方に居る人の類なり、

其六　傳卦

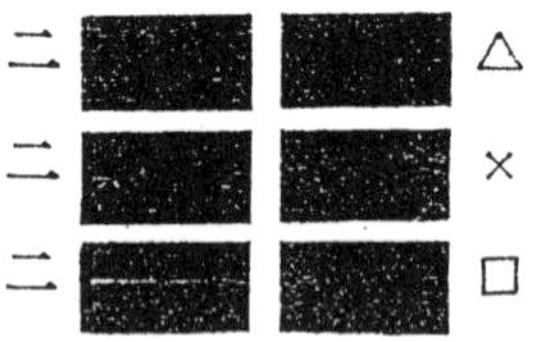
△
×
□
二
二
二

此卦にて其の傳ふる所を知る、坤にて云へば、親類に農人ありと見、當物なれば、土に依る物と見、或は家相抔に親類を知り、兼ねて問はずして、造作抔の方位を知るの卦なり、

其七
見卦

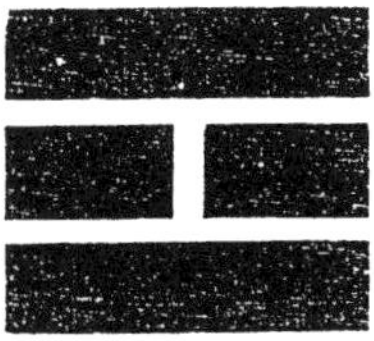
△
×
□
初
初
初

此の卦は凡て照らし合せて用ゆるの卦にして、特に大切の卦なり、他の六卦共に一々此の見卦へ、組合せて考ふ可く、其の例左の如し、

用卦　見卦

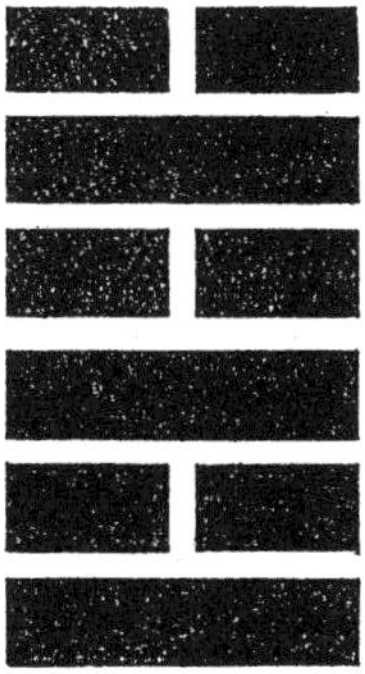

此の圖は、見卦に用卦を引合せて見るの圖なり、即ち水火既濟なれば、職業は湯屋ならむと云ふが如し、其他此類を以て推す可し、此外祇、體、飛、行、傳等の卦も、此の如く引き附て見る可し、但し何れの卦にても、見卦を下卦となし組合す可し、

右天眼響通一卦を擧げて其例を示す、其他六十三卦に就ても同

例なり、

八卦主爻の事

乾、坤、坎、離の四卦は、皆中爻を主爻となし、震、巽の二卦は、共に下爻を主爻となし、艮、兌の二卦は、共に上爻を主爻となすものなり、之を八卦の主爻となす、

新井白蛾秘傳集畢

明治四十年十二月廿三日印刷
明治四十年十二月廿五日發行

編輯兼發行人　東京市芝區濱松町壹丁目拾壹番地
大島順三郎

發行所　東京市芝區濱松町壹丁目拾壹番地
生生書院

印刷人　東京市小石川區久堅町百〇八番地
山田英二

印刷所　東京市小石川區久堅町百〇八番地
博文館印刷所

易学千里眼／新井白蛾秘伝集

定価　二、八〇〇円＋税

平成二十二年九月三十日　復刻版発行

著　者　大島中堂

発行所　八幡書店
東京都港区白金台三―十八―一
八百吉ビル四階
電話　〇三（三四四二）八一二九
振替　〇〇一八〇―一―四七二七六三

ISBN978-4-89350-691-7 C0014